U0883407

啄木鸟
生活与法律指引

工伤及社会保险纠纷 101 问

徐 森 编 著

华中科技大学出版社
http://www.hustp.com
中国·武汉

图书在版编目（CIP）数据

工伤及社会保险纠纷101问 / 徐森编著. -- 武汉：华中科技大学出版社，2021.6

（啄木鸟生活与法律指引书系）

ISBN 978-7-5680-7272-4

Ⅰ. ①工… Ⅱ. ①徐… Ⅲ. ①工伤保险－经济纠纷－中国－问题解答 ②社会保险－经济纠纷－中国－问题解答 Ⅳ. ①D922.284.5

中国版本图书馆CIP数据核字（2021）第116498号

工伤及社会保险纠纷 101问 徐 森 编著

Gongshang Ji Shehui Baoxian Jiufen 101 Wen

策划编辑：郭善珊
责任编辑：张 丛
封面设计：张 靖
责任监印：朱 玢
出版发行：华中科技大学出版社（中国·武汉） 电话：（027）81321913
武汉市东湖新技术开发区华工科技园 邮编：430223
印　　刷：武汉旭辉印务有限公司
开　　本：880mm × 1230mm 1/32
印　　张：5
字　　数：110千字
版　　次：2021年6月第1版第1次印刷
定　　价：35.00元

华中出版

本书若有印装质量问题，请向出版社营销中心调换
全国免费服务热线：400-6679-118，竭诚为您服务
版权所有 侵权必究

目 录

第二章　社会保险 / 78

第一节　社会保险缴纳 / 78

第一章 工伤

第一节 工伤认定标准

1 工伤认定的基本条件有哪些?

职工在参与生产和经营过程中，可能会因为某些事故受到一定的伤害，并产生受伤、残疾、职业病甚至死亡的后果。为了确保受伤害的职工获得及时充分的救治，也为了降低用人单位在面对工伤事故时将要承担的经济成本，我国建立了工伤保险制度。工伤保险制度的功能还体现在分散社会化生产中的固有风险，稳定生产秩序，促进经济发展。

工伤保险纠纷常涉及三方，即工伤认定行政机构、职工、单位。因工伤不是单纯的经济纠纷，所以是否构成工伤不允许职工与单位自行约定，只能依据现有法律法规进行确认。目前我国法律体系中作为工伤认定标准的法律为《工伤保险条例》。在《工伤保险条例》中，对工伤的认定存在两种，分别是“认定为工伤”和“视同工伤”，这两种认定的后果同样都是工伤，在享受待遇上没有太多区别。

我们认为“在工作时间和工作场所内，因工作原因受到事故伤害的”属于工伤认定的基本条件。而“工作时间、工作场所、工作原因”就是通常所称的“三工原则”。在大多数工作中，所谓“工作时间、工作场所、工作原因”是比较明确的，但我们仍需要考虑一些特殊工种和特殊工作形态，比如有些工作需要来往于多个不同的工作场所，来往过程中的必要途经地点，也应当认定为工作场所。有些工作，例如销售工作没有明确的上下班时间，只要在处理销售任务的时候都应当认定为工作时间。

在“三工原则”的基础上，工伤保险制度又有一些延伸，将“工作时间”延伸到“工作时间前后”，将“工作原因”延伸到“预备性及收尾性工作”，这样就产生了工作时间前后在工作场所内，从事与工作有关的预备性或者收尾性工作时受到事故伤害的也应当认定为工伤的规定。例如在特定行业中，正式开始工作之前需要穿戴工作或防护用具，在工作完成后又可能需要进行清洗清洁工作。这些预备性或者收尾性工作与正常的工作任务有直接关联，因此同样也符合工伤认定的条件。在实际案例中，这种对预备性或者收尾性的工作的解释也有扩展的可能，比如因为在工作之前，或者在之后会有吃饭、上厕所等活动，这些活动有时会被认为是工作的必要延伸，部分案例也会把这种情况下因事故产生的伤害认定为工伤。当然，这样的认定还存在一定的争议，可能会产生行政诉讼并最终被否决；或者原本这些情况没有被认定为工伤，最后又通过诉讼的方式最终扭转。总之，这种非典型性的延伸只是有被认定为工伤的可能。

对于工作原因受到的伤害，法律制度中也有一定的延伸，主要体现在履行工作职责过程中受到暴力等意外伤害。因为对于工作职责的理解并不仅仅是面对冰冷的机器，也有可能面对活生生的人，比如说一些安保人员在履行工作职责的时候就有可能会受到一些工作以外的人的暴力侵害。又比如说上级领导对下级职工提出必要的工作要求，但是职工心怀不满进行暴力侵害，等等。当然，这种外力侵害还应当与工作内容有一定的关联，比如说工作过程中单纯地因为挑衅其他人而使自己受到伤害，或者是受到伤害完全来源于自己工作以外的私人恩怨，在这种情况下，即使伤害事故发生在工作时间，被认定为工伤的可能性也很低。在司法实践中，对于工作原因是否为自己本职工作的认定相对比较宽松。一个人忠实地执行自己的工作任务，在这个过程中受到的伤害而被认定为工伤的可能性比较大，甚至在一定范围内超出了自己的工作内容，但只要是为了公司的经营生产和保护必要的公司利益而受到的伤害就很容易被认定为工伤。

以上主要内容为“三工原则”和“三工原则”的相应延伸。这些内容均为工伤认定的基本条件，除了以上基本条件外，还有一些其他的情况也会被认定为工伤，后面我们会继续提到。

2 什么是劳动关系？

首先我们需要明确一点，并不是只有存在劳动关系的情况下，才有认定工伤的可能。但考虑到本书的主要目的，我们需要着重探讨关于劳动关系中工伤认定的一些问题。对于一些明确签订劳动合同，正常缴纳社会保险的职工而言，并不存在确认劳动关系的问题。但有些职工没有签订书面的劳动合同，工资发放形式也并不规范。在发生工伤事故后，单位与职工双方对于是否存在劳动关系就有可能存在争议。

涉及劳动关系认定的主要法律规范是 2005 年由劳动与社会保障部颁布的《关于确立劳动关系有关事项的通知》，其中对劳动关系认定问题确立了一些基本原则，包括用人单位对职工存在管理关系，即用人单位的规章制度适用于职工，职工受到用人单位的管理；职工从事用人单位安排的有报酬的工作，并且此项工作是用人单位的业务组成部分；职工与用人单位符合劳动用工主体身份的资格。

对于普通职工而言，如果发生了工伤事故，但是双方的劳动关系是否存在还有一些争议，包括职工不能确定用人单位是否认可双方存在劳动关系，或者用人单位已经开始否认双方的劳动关系。我们对职工的建议是收集必要的证据，此类证据包括工服、工牌、名片，以及工作过程中发放工资的记录，考勤的记录，安排工作任务的记录，甚至是工伤事故发生之后与公司协调沟通的任何记录。职工准备这些证据，可以为后续工伤认定做好准备。

关于用工主体资格的问题比较复杂，我们这里只讨论一些常见的情况。比如一家公司的分公司甚至支公司，如果已经在工商行政管理部门领取了营业执照，那么这家分公司或者支公司就可以作为劳动关系中的用工主体。生活中可能有些人会持有这样一种观点，认为这种分公司不具有法律主体资格，因此不能签订劳动合同，也不能建立劳动关系。关于这点，我们可以从《中华人民共和国劳动合同法实施条例》（以下简称《劳动合同法实施条例》）的相关规定中寻找答案，其中第四条规定："劳动合同法规定的用人单位设立的分支机构，依法取得营业执照或者登记证书的，可以作为用人单位与劳动者订立劳动合同；未依法取得营业执照或者登记证书的，受用人单位委托可以与劳动者订立劳动合同。"所以如果能和分公司或支公司确定劳动关系，工伤职工就不必以总公司为单位申请工伤认定。

伤害事故发生时，如果职工并未受雇于任何单位，仅仅是个人之间建立了雇佣关系，那么就不能认定为劳动关系，后续进行工伤认定时，也会存在许多障碍。职工一方的主体资格也需要予以关注，一般认为退休人员与单位不构成劳动关系。已经到达退休年龄但是没有办理退休手续的人员与单位是否构成劳动关系有较大争议，全国各地的处理方式不尽相同。在校学生理论上认为可以与单位建立劳动关系，但学生与单位需要签订有劳动合同而不能是实习协议。外国人需要取得就业证后才能在我国建立劳动关系，当然取得就业证的情况下外国人往往已经与单位签订了书面劳动合同，职工与单位的劳动关系问题比较清晰。

法条链接

《关于确立劳动关系有关事项的通知》（劳社部发［2005］12号）：

一、用人单位招用劳动者未订立书面劳动合同，但同时具备下列情形的，劳动关系成立。

（一）用人单位和劳动者符合法律、法规规定的主体资格；

（二）用人单位依法制定的各项劳动规章制度适用于劳动者，劳动者受用人单位的劳动管理，从事用人单位安排的有报酬的劳动；

（三）劳动者提供的劳动是用人单位业务的组成部分。

二、用人单位未与劳动者签订劳动合同，认定双方存在劳动关系时可参照下列凭证：

（一）工资支付凭证或记录（职工工资发放花名册）、缴纳各项社会保险费的记录；

（二）用人单位向劳动者发放的“工作证”“服务证”等能够证明身份的证件；

（三）劳动者填写的用人单位招工招聘“登记表”“报名表”等招用记录；

（四）考勤记录；

（五）其他劳动者的证言等。

其中，（一）、（三）、（四）项的有关凭证由用人单位负举证责任。

三、用人单位招用劳动者符合第一条规定的情形的，用人单位应当与劳动者补签劳动合同，劳动合同期限由双方协商确定。协商不一致的，任何一方均可提出终止劳动关系，但对符合签订无固定期限劳动合同条件的劳动者，如果劳动者提出订立无固定期限劳动合同，用人单位应当订立。

用人单位提出终止劳动关系的，应当按照劳动者在本单位工作年限每满一年支付一个月工资的经济补偿金。

四、建筑施工、矿山企业等用人单位工程（业务）或经营权发包给不具备用工主体资格的组织或自然人，对该组织或自然人招用的劳动者，由具备用工主体资格的发包方承担用工主体责任。

3 中暑是不是职业病？

关于职业病的问题首先需要明确一点，我们不能单靠某种疾病的名称来直接认定这种疾病是否属于职业病。在我国对于职业病的认定通常需要综合几项条件。疾病本身应当属于《职业病分类和目录》中明确规定的疾病种类，例如我们日常生活中经常会说在办公室久坐的人，可能会有颈椎病和腰椎病的风险，教师也容易患静脉曲张等疾病，甚至有人会称脱发为职业病。以上这些所谓职业病都不属于法律意义上的职业病。职业病应当在用人单位组织生产过程中，因接触特定工作环境而产生的疾病，这才符合职业病的法律定义，《中华人民共和国职业病防治法》（以下简称《职业病防治法》）第二条规定："本法所称职业病，是指企业、事业单位和个体经济组织等用人单位的劳动者在职业活动中，因接触粉尘、放射性物质和其他有毒、有害因素而引起的疾病。"例如两人同时患有一种疾病，虽然这种疾病都属于《职业病分类和目录》中明确规定的疾病种类，但其中仅有一人在工作环境中会接触有害因素，而另一个人的工作环境并没有这些因素，那他所患的同类疾病就不能被诊断为职业病。在法律程序上，一名职工所患疾病是否属于职业病还需要进行职业病诊断。此处所称诊断，并非是指日常生活中由医院直接开具的诊断证明，而是指按照《职业病诊断与鉴定管理办法》，在特定机构按照特定规则进行的判断。相对于医学诊断而言，职业病诊断更倾向于法律认定。

如果已经获得职业病诊断确诊结论，职工可以直接进行工伤认定申请。患有职业病的职工可以被认定为工伤。

了解了职业病的基本内容后，我们再来回答中暑是不是职业病的问题。如果职工属于职业性中暑，则可以进行职业病诊断和工伤认定，而一般中暑不属于职业病。这里的职业性中暑又可以分为两类：一类称为高温作业，就是指工作环境的特点决定了职工将暴露于高气温、高热辐射或者高湿热的环境，如炼钢工人；另一类称为高温天气作业，指在天气炎热环境下，职工必须要进行户外作业的情况，如在暑热天气下工作的建筑工人。除此以外，如果是在上下班途中或者外出办理工作事务中发生中暑，那么认定为职业病的难度就很大。当然，我们仍然建议那些确实是因工作原因中暑，尤其是中度、重度中暑的职工（包括相关用人单位）积极申请工伤认定。

虽然中暑是一种常见病，在生活中我们通常也会认为经过降温处理和适度休息，中暑症状就可以缓解甚至痊愈，但是重度中暑会引发器官衰竭甚至死亡的严重后果。所以我国颁布了《防暑降温措施管理办法》（安监总安健［2012］89 号），对高温作业和高温天气作业的防暑工作进行规范，各企事业等生产经营单位都应当遵照执行，包括职工自身也需要关注自身身体健康并学会依法维护自身权益。

4 感染传染病能不能认定工伤？

罹患传染病认定工伤的问题与中暑认定工伤的问题类似，单纯依赖疾病的名称无法判断是否构成职业病和工伤。我们需要根据职工的工作环境（还可能涉及职业、岗位等情况）来判断是否有构成工伤的可能。《职业病分类和目录》中明确将职业性传染病作为职业病的一项分类。因职业特征导致职工在工作中有可能直接接触相关传染病，是就传染病进行职业病诊断和工伤认定的先决条件。

传染病的工伤认定问题又与中暑的情况存在一定区别，传染病一词是一种概括性的表述，在日常生活和生产中有多种多样的传染病存在，《职业病分类和目录》在制订过程中也不可能将所有的传染病都列明，尤其是涉及新发现或新产生的职业病时。对于传染病认定工伤问题的理解不必过于机械，如果确实是因为工作原因感染传染病也有一定可能性被认定为工伤。这里面需要应用《工伤保险条例》中关于工伤的一般性规定，即在工作时间、工作场所因工作原因而感染的传染病，应当认定为工伤。

构成职业病的传染病认定工伤和不构成职业病的传染病认定工伤存在一些区别，职业病的认定需经过特定的法律程序，其他传染病的情况可以直接认定工伤；职业病认定对于工作环境与患病的因果联系可以按照法律规定直接进行推定，但其他传染病与工作是否存在因果联系，需要充分的举证和说明。

【案例 1-1】：职工外派期间感染传染病是否能认定为工伤

案号　一审：（2014）扬江行初字第 00039 号

二审：（2015）扬江行终字第 00012 号

案情介绍

原告（上诉人）：Y 国际经济贸易合作有限公司（以下简称 Y 公司）。

被告（被上诉人）：扬州市人力资源和社会保障局（以下简称扬州人社局）。

第三人（被上诉人）：史某霞、曹某邦、闫某兰、曹某雯、曹某妮、曹某轩，系死者曹某亲属。

2012 年原告 Y 公司与曹某签订劳务派遣合同书，双方约定曹某受 Y 公司派遣至境外从事建筑劳务。2012 年 9 月 13 日曹某从中国出境至尼日利亚，在 Y 公司分包的尼日利亚某水泥厂的土建工程项目工地工作。2012 年 11 月 20 日曹某与 Y 公司解除劳动关系，并于当日从尼日利亚回国，次日抵达中国境内。2012 年 11 月 26 日曹某因身体发热、寒战、不适等问题就诊于甘肃省平凉市第二人民医院急诊科。2012 年 12 月 1 日，曹某体内检出环状疟疾原虫，转入平凉市人民医院治疗。2012 年 12 月 4 日平凉市人民医院向曹某家属发放死亡通知单、居民死亡医学证明书。居民死亡医学证明书上注明曹某的死亡原因为：急性肾功能衰竭、疟疾。第三人史某霞系曹某的配偶，曹某邦、闫某兰系曹某的父母，曹某雯、曹某妮、曹某轩系曹某的子女。2013 年 3 月，第三人向被告扬州人社局提出工伤认定申请，被告受理后于 2014 年 5 月 26 日作出扬人社工认 (2014)429 号认定工伤决定书，认定曹某受到的事故伤害，符合《工伤保险条例》第十四条第（一）项规定之情形，属于工伤认定范围，予以认定工伤。

曹某生前所在单位即原告 Y 公司不服，以曹某感染疟疾非工作原因、曹某死亡系医疗事故所致，以及曹某发病时已经与原告解除劳动关系为由，请求江苏省扬州江都区人民法院依法判决撤销被告扬州人社局作出的扬人社工认 (2014)429 号认定工伤决定书。

江苏省扬州市江都区人民法院判决驳回原告 Y 公司要求撤销被告扬州人社局于 2014 年 5 月 26 日作出的扬人社工认 (2014)429 号认定工伤决定书的诉讼请求。

宣判后，原告 Y 公司不服向二审法院提起上诉。

江苏省扬州市中级人民法院经该院审判委员会讨论决定，判决驳回上诉，维持原判。

评析　本案争议涉及诸多难点，其中职工患传染病能否认定工伤的问题就与本节题目相关。就法律依据问题，我们注意到案例中人社局在对工伤认定部分的表述为“符合《工伤保险条例》第十四条第（一）项规定之情形，属于工伤认定范围，予以认定工伤。”并且在诉讼过程中一审法院和二审法院也都维持了此项工伤认定。对于传染病的工伤认定存在三种情形，即《工伤保险条例》第十四条第（一）项规定的一般情形；第十四条第（四）项规定的职业病情形；第十五条第（一）项规定的突发疾病，48 小时内抢救无效死亡的情形。

本案判决中还着重探讨了曹某感染疟疾与工作的因果联系。曹某是在疟疾疫区务工时，因履行工作职责而感染的疟疾。疟疾不是一种常见疾病，是国家规定的传染病，并且其户籍地甘肃省平凉市镇原县疾病预防控制中心出具的证明亦表明该县自 1975 年至 2013 年无疟疾病例发生，结合疟疾病地区分布、潜伏期、前驱期等特点，医院诊断证明、居民死亡医学证明以及曹某工作经历等事实，应当能够确认曹某所患疟疾是由特定的工作环境造成的，与履行工作职责存在密切关系，系在尼日利亚工作期间因工作原因感染疟疾，故应认定为工伤。

➲ 法条链接 **《工伤保险条例》**：

第十四条　职工有下列情形之一的，应当认定为工伤：

（一）在工作时间和工作场所内，因工作原因受到事故伤害的；

……

（四）患职业病的；

……

第十五条　职工有下列情形之一的，视同工伤：

（一）在工作时间和工作岗位，突发疾病死亡或者在 48 小时之内经抢救无效死亡的。

……

《关于因履行工作职责感染传染性非典型肺炎工作人员有关待遇问题的通知》：

在传染性非典型肺炎预防和救治工作中，医护及相关工作人员因履行工作职责，感染传染性非典型肺炎或因感染传染性非典型肺炎死亡的，可视同工伤，比照工伤保险的有关规定享受有关待遇。

《人力资源社会保障部 财政部 国家卫生健康委关于因履行工作职责感染新型冠状病毒肺炎的医护及相关工作人员有关保障问题的通知》

在新型冠状病毒肺炎预防和救治工作中，医护及相关工作人员因履行工作职责，感染新型冠状病毒肺炎或因感染新型冠状病毒肺炎死亡的，应认定为工伤，依法享受工伤保险待遇。

5 上班打架受伤是否构成工伤？

这个问题涉及工伤认定的一种特殊情形，即工作期间因工作原因受到暴力侵害的情形下的工伤认定问题。通常意义上的工伤，多指在工作期间因意外事故受到伤害，伤害来源是工作环境的客观状态，例如设备本身的危险，装置的倒塌，等等。但有一类特殊情况，就是伤害的来源是他人，属于工作过程中受到他人的恶意攻击而受伤。这种情况能不能认定工伤，主要考虑受到伤害的事件是不是因为工作原因而发生的。

我们通过一则案例来继续探讨这个问题。

【案例 1-2】: 暴力伤害能否认定为工伤

➡ 案情介绍　在汕头有这么一起案件，职工因货物打包问题发生冲突，其中一人被刺成重伤。人社部门予以认定为工伤，在复议之后，公司依然不服提起行政诉讼，此案经过一审、二审、再审司法程序。

赵某是汕头一家玩具公司雇佣的员工。2012 年 6 月 25 日下午，赵某在工作过程中因货物打包问题与同事杨某发生口角并互殴，其间赵某用胶纸机划伤杨某的面部，随后杨某用剪刀刺中赵某的后背及腹部，双方不同程度地受伤。事发后，受伤的赵某被送往汕头大学医学院第二附属医院治疗。2013 年 1 月 30 日，赵某向澄海区人社局提出工伤认定申请，同日澄海区人社局作出受理决定。2013 年 5 月 9 日，澄海区人社局作出认定工伤决定书，认定赵某是在工作时间和工作场所内，因履行工作职责受到暴力等意外伤害，予以认定为工伤。可对此决定书，该玩具公司不服，向汕头市人民政府申请复议。汕头市政府作出《行政复议决定书》，维持了认定工伤决定书。

因不服复议结果，该玩具公司提起行政诉讼，请求撤销认定工伤决定书。汕头市濠江区人民法院一审认为，本案争议的焦点是赵某所受到的暴力伤害能否认定为工伤的问题。《工伤保险条例》第十四条第（三）项规定的“暴力”并未界定何种性质的暴力行为，亦未明确将因触犯刑律上的“暴力”伤害排除在外。故此，一审法院认为，应从广义观点理解条例所规定的“暴力”行为，该规定的出发点是告诫用人单位保护职工的人身安全，适当向处于社会弱势的职工一方倾斜。

且赵某与杨某的打架斗殴行为也并没有因此而受到刑事制裁，不存在该条例规定的不得认定为工伤的问题。故赵某与案外人杨某之间因货物打包问题引致打架斗殴而导致的暴力伤害不影响对其工伤性质的认定。综上，法院认为，人社部门对赵某在工作时间和工作场所内因履行工作职责受到的暴力伤害认定为工伤事实清楚，适用法律正确，依法应予维持。

该玩具公司不服一审判决，向汕头市中级人民法院提起上诉。相对于一审判决，汕头市中级人民法院认为，事件虽然发生在工作时间、工作场所，与工作有着某些联系，但并不是直接的因果关系。汕头市中级人民法院表示，在认定此类工伤案件中，应将因个人恩怨所引起的造成他人伤害，与在工作过程因工作环境、工作条件等原因受到意外伤害两种情形严格区分开来。本案中赵某所受伤害的直接原因是杨某故意犯罪所致，且赵某自身存在一定过错，事情由普通口角演变成一起刑事案件，最后导致赵某伤残。因此，赵某受到的伤害结果并非因履行工作职责原因受到的意外伤害，也并非因履行工作职责受到的事故伤害，其情形不符合国务院《工伤保险条例》和《广东省工伤保险条例》“在工作时间和工作场所内，因履行工作职责受到暴力等意外伤害的”的规定。“将本案认定为工伤，实际上是将故意伤害案件的经济责任归于企业承担，显失公正，也不符合合理性原则。”汕头市中级人民法院表示，赵某因杨某故意伤害犯罪所造成的人身损害赔偿，可依法通过其他法律途径解决，作出二审判决，撤销了一审判决，并撤销了人社局的认定工伤决定书。

对二审的完全改判，赵某不服，向检察机关申诉。2015年9月16日，广东省人民检察院向省高级人民法院提起抗诉，此后广东省高级人民法院提审此案。广东省检察院抗诉认为，认定赵某是否属于工伤的关键是看其受到的伤害是否属于“因履行工作职责受到暴力等意外伤害”。虽然，赵某的行为具有一定过错，但并非犯罪行为，该过错并不能成为不认定为工伤的理由。而且，赵某受伤是因工作问题争执造成的，并不是由个人恩怨引起的，与其履行工作职责具有一定的因果关系，符合因履行工作职责而受到暴力伤害的情形。对此，该玩具公司答辩认为，抗诉及赵某的再审请求明显违背事实和法律，是故意对法律和事实进行重大曲解、断章取义及混淆，故应依法驳回。

对此，广东省高级人民法院再审认为，本案中赵某受到伤害的最初起因，是其在工作场所、工作时间内，正在履行工作职责时，因“货物打包”这一工作问题受到同事杨某的责备，继而争吵、打架。虽然赵某存在过错，但其过错不属于不得认定为工伤的情形，不影响其工伤认定。广东高级人民法院认为，二审判决以赵某所受伤害与工作没有直接的因果关系，不予认定本案中赵某受伤是因履行工作职责所引起，对工伤认定中因果关系的把握过于严格，不利于合理合法地保障职工因工作遭受事故伤害获得医疗救治和经济补偿的权利。本案审理中，也没有证据表明赵某与杨某二人存在其他的私人恩怨，认为是因个人恩怨造成暴力伤害，亦缺乏依据。为此，广东省高级人民法院作出判决，撤销汕头市中级人民法院的行政判决，维持一审判决，予以认定为工伤。

评析

本案经历多项审理程序，对于双方职工打架造成的伤害能否认定工伤的问题一直围绕伤害事故是否因工作原因发生展开探讨。二审法院认为，双方确实因工作原因发生了口角，口角发生后又没有妥善解决，进而发展成为个人恩怨，最终的伤害事故是因为发泄个人恩怨而造成，因此二审认为伤害事故的原因是个人恩怨，不认可构成工伤的认定。人社局、市政府、一审法院和再审法院认为构成工伤的理由和二审法院不认可工伤的理由在同一个逻辑框架内，认为伤害事故最初发端于工作原因，其中的发展过程不影响工伤认定。由此可以看出，上班打架能否认定工伤存在一定争议，需要考量的重点在于打架是出于履行工作职责还是发泄私人恩怨或其他与工作无关的原因。

法条链接 《工伤保险条例》：

第十四条 职工有下列情形之一的，应当认定为工伤：

……

（三）在工作时间和工作场所内，因履行工作职责受到暴力等意外伤害的。

6 什么是预备性及收尾性工作？

预备性工作和收尾性工作这个问题的提出源于《工伤保险条例》第十四条的规定：“（二）工作时间前后在工作场所内，从事与工作有关的预备性或者收尾性工作受到事故伤害的。”预备性工作与收尾性工作与本职工作存在必要的关联，却又有所不同，这些工作内容可能并没有在岗位职责中列明，进行预备性和收尾性工作的时间也有可能超出上下班时间。因为这些工作属于职工本职工作的必要延伸，相关受伤风险也产生于企业生产经营活动中，因此同样受到工伤保险制度的保护。

预备性及收尾性工作的认定可以依据公司制定的规章制度来判断，例如某些工作在正式上岗前需要按照公司要求对机器进行开机、调试、校准；也可以是在一般社会规范中约定俗成的做法，比如具有较高污染工作环境下完成工作后需要清洗设备或职工本人需要洗澡；或者是依据工作逻辑必然需要完成的工作准备，例如将材料和设备搬运到工作场地等等。

需要提出的是，在目前的司法实践中，对预备性和收尾性的理解相对比较宽松，有些案例中将职工满足个人生理需要的活动也认为是预备性工作或者是工作的延伸，例如吃饭、上厕所或者喝水等活动。在这些活动中受到伤害后，职工最终被认定为工伤的案例也有大量新闻报道。当然我们还是要谨慎地看待这些案例，在满足个人生理需要的活动中受到伤害是否构成工伤在现实中也存在大量争议。如果是工作结束后，进行吃饭、洗澡等活动，那么认定工伤的可能性会更低，哪怕这些活动是发生在公司的食堂和澡堂。

7 工伤规定中的上下班是指什么？

在日常用语中，上下班是非常清晰明确的概念，不需要进行过多解释，但是在工伤认定过程中，职工发生事故时是否属于上下班就存在诸多争议。《工伤保险条例》第十四条规定："职工有下列情形之一的，应当认定为工伤：（六）在上下班途中，受到非本人主要责任的交通事故或者城市轨道交通、客运轮渡、火车事故伤害的。"此项法律规定中并没有对"上下班途中"的概念进一步释明，在实践中发生的伤害事故有多种情形，对于法律的理解也各有不同。

上下班的定义由两部分组成，合理时间与合理路线。这两部分需要同时考虑，一般情况下，需要同时属于合理时间和合理路线时才能认为是上下班途中。合理时间的认定需要考虑具体职工的工作性质及其岗位要求的上下班时间，如果工作时间不固定，需要考虑职工自身对工作时间解释的合理性，尤其是以发生事故时具体工作内容的安排情况来认定职工是否真的属于以上下班为目的进行的交通活动。现实中对于合理时间的争议多为迟到、早退、工作时间中途回家、非工作时间到单位等情况。一般认为迟到和早退的时间较短时不影响合理时间的认定，工作时间中途回家一般认为是擅自脱岗而不能认定为上下班的合理时间；非工作时间到单位争议比较大，需要结合是否有上下级的沟通情况来证明到单位是否为处理必要的工作事务再来认定是否为合理时间。当然，如果经过上级领导的审批同意，以上这些情况都不是工伤认定的障碍。

合理路线的问题在实践中也存在一些争议。如果职工有固定的住处，上下班的固定路线比较明晰，来往过程当然可以被认为是合理路线。现实生活中的情况是多种多样的，职工下班后可以回自己的住处，也可以回父母的住处，回单位宿舍，甚至可能需要去菜市场买菜，去幼儿园接孩子。目前的司法判例对合理路线的认定相对宽泛，大部分案件中以上这些情况都可以认为是上下班的合理路线。还有些上下班是指往来于工作地和老家的不同城市甚至是跨省交通，这种情况下的事故能不能认定为工伤呢？我们再回顾一下法律条款就会注意到其中有关于“火车事故伤害”的表述，目前确实有部分职工上下班通勤是以火车为交通工具的，更多的情况是职工使用火车作为交通工具时是在休假，尤其是长假期间往返于工作单位和老家等远距离住所。就司法判例而言，确实存在将此类长距离交通过程中发生的事故认定为工伤的先例，尤其是返岗过程中发生的事故，理由在于返岗过程通常是以工作为目的。

在以上分析的基础上，我们仍然需要关注一个问题，在现实的案例中一旦发生交通事故，上下班的过程就被打断了，后续的路程是无法完成的。我们无法通过整个路程来判断交通事故发生时是不是属于上下班途中，只能考虑事故发生前的路线并结合其他辅助证据来认定上下班路程。面对这种情况，司法实践中一般也相对宽容，只要职工能够对上下班的时间、路程和目的进行合理解释即可，对证据的要求并不高。

➜ 法条链接

《最高人民法院关于审理工伤保险行政案件若干问题的规定》：

第六条　对社会保险行政部门认定下列情形为“上下班途中”的，人民法院应予支持：

（一）在合理时间内往返于工作地与住所地、经常居住地、单位宿舍的合理路线的上下班途中；

（二）在合理时间内往返于工作地与配偶、父母、子女居住地的合理路线的上下班途中；

（三）从事属于日常工作生活所需要的活动，且在合理时间和合理路线的上下班途中；

（四）在合理时间内其他合理路线的上下班途中。

8 在工伤案件中如何理解交通事故？

这个问题的提出与上一个问题相关，我们知道上下班途中发生交通事故而受到伤害可能被认定为工伤，而关于交通事故的定义，目前司法实践中主要采用《中华人民共和国道路交通安全法》（以下简称《道路交通安全法》）中的标准，内容如下：

“道路”，是指公路、城市道路和虽在单位管辖范围但允许社会机动车通行的地方，包括广场、公共停车场等用于公众通行的场所。

“车辆”，是指机动车和非机动车。

“机动车”，是指以动力装置驱动或者牵引，上道路行驶的供人员乘用或者用于运送物品以及进行工程专项作业的轮式车辆。

“非机动车”，是指以人力或者畜力驱动，上道路行驶的交通工具，以及虽有动力装置驱动但设计最高时速、空车质量、外形尺寸符合有关国家标准的残疾人机动轮椅车、电动自行车等交通工具。

“交通事故”，是指车辆在道路上因过错或者意外造成的人身伤亡或者财产损失的事件。

在上述定义之下，我们可以明确一些生活中常见问题：（1）驾驶自行车等非机动车事故构成交通事故；（2）走路摔伤不构成交通事故，但走路过程中遭受车辆伤害属于交通事故；（3）非公共道路、场所上的事故不构成交通事故，但如果是单位私有道路上的事故可以考虑认为属于发生在工作场所的事故申请工伤认定；（4）单方事故或者是没有责任人的纯意外事故也可以构成交通事故。

9 事故责任无法认定时是否构成工伤？

我们了解了上下班，又探讨了交通事故，现在还要分析一个问题——非本人主要责任。交通事故的责任认定由公安交通管理部门作出，责任认定书中可能会记载全部责任、主要责任、同等责任、次要责任或无责任。如果职工上下班途中发生事故后，如果责任被认定为同等责任、次要责任或无责任，那么不妨碍工伤认定；如果责任认定为全部责任或主要责任，那么就不符合上下班交通事故工伤的认定情形。

以上是交通事故责任认定的一般情况，而我们需要重点分析的是公安交通管理部门对事故责任没有认定的情形。有时因为事故原因无法查明或其他原因导致公安交警部门很难确定双方的责任，那么当事故原因无法查明时职工是否有权获得工伤认定呢？司法实务中既有支持的观点，也有反对的观点。支持认定工伤的观点主要内容为，既然事故责任无法明确，也就不能认为职工负有主要责任，当然属于非本人主要责任。反对的观点也很简明，非本人主要责任是指有其他人承担主要甚至全部责任，没有其他人承担主要责任并且也不是意外事故，当然不属于非本人主要责任。

目前主流观点倾向于在事故责任无法查明时支持工伤认定。如果公安机关对于事故责任没有进行认定，社会保险行政部门需要根据现有证据认定事实，除非社会保险行政部门能够证明职工对事故的发生承担主要责任，否则应予认定工伤。

➲ 法条链接 **《最高人民法院关于审理工伤保险行政案件若干问题的规定》：**

第一条 人民法院审理工伤认定行政案件，在认定是否存在《工伤保险条例》第十四条第（六）项“本人主要责任”、第十六条第（二）项“醉酒或者吸毒”和第十六条第（三）项“自残或者自杀”等情形时，应当以有权机构出具的事故责任认定书、结论性意见和人民法院生效裁判等法律文书为依据，但有相反证据足以推翻事故责任认定书和结论性意见的除外。

前述法律文书不存在或者内容不明确，社会保险行政部门就前款事实作出认定的，人民法院应当结合其提供的相关证据依法进行审查。

10 抢救无效的48小时从什么时候算起？

《工伤保险条例》规定职工“在工作时间和工作岗位，突发疾病死亡或者在48小时之内经抢救无效死亡的”，视同工伤。这是工伤制度对职工的扩大保护。不同于之前提到的各种工伤情形，即使职工的疾病和死亡与工作没有任何因果联系，也不妨碍工伤认定。这种扩大保护体现了对职工权益的保障，更多地体现了人文关怀而不是逻辑上的严谨和必要。这就导致社会上有许多批评的声音，比如48小时的规定过于死板，容易产生“催人早死”的联想。有些职工患病后，家属极力抢救让职工生存时间超过了48小时，却因此丧失了巨额工伤赔偿，职工死亡后家属要面临“人财两空”的局面。就这种情况，我们在目前的法律框架内只能认为获得工伤赔偿是一种“额外补偿”，没能获得工伤赔偿的属于正常结果，相关损失可以考虑通过医疗保险等其他社会保险渠道获得补偿。

在此基础上，我们需要明确一个问题：48 小时的抢救时间从何时起算？这里的起算时间，不是发病之时也不是送医的时间和抢救开始的时间，而是医疗机构初次诊断的时间。以初次诊断的时间作为起算点，职工获得抢救的实际时间有可能超过 48 小时，可以认为是对“扩大保护”的进一步扩大。

➜ 法条链接 **《中华人民共和国劳动和社会保障部关于实施〈工伤保险条例〉若干问题的意见》：**

三、条例（指《工伤保险条例》）第十五条规定“职工在工作时间和工作岗位，突发疾病死亡或者在 48 小时之内经抢救无效死亡的，视同工伤”。这里“突发疾病”包括各类疾病。“48 小时”的起算时间，以医疗机构的初次诊断时间作为突发疾病的起算时间。

11 突发疾病回家休息后死亡的能算工伤吗?

【案例 1-3】职工在值班期间因病请假回家后死亡能否认定为工伤

➜ 案情介绍 张某生前是某工务段职工，从事汽车司机工作。2014 年 4 月 27 日，因在单位值班时身体不适，于 18 点 30 分左右向办公室主任请假，到家后吃了止疼药感觉好些，就上床休息，张某妻子做好晚饭后因张某已经睡着就没有叫他吃饭和去医院检查。次日早晨 6 点左右，妻子做完早饭后，发觉丈夫还没起床，几番呼叫发现丈夫没反应，赶紧拨打急救中心 120 电话，6 点 40 分左右，120 急救车赶到，医护人员检查后，告知张某已经死亡。

张某死亡后，他的妻子申请工伤认定被驳回，就工伤认定问题申请行政复议被驳回，就工伤问题提起行政诉讼，一审、二审、再审均被驳回。

律师指引 张某的遭遇的确让人同情，其妻子通过法律手段维护家人权益的举动也值得钦佩。我们回顾这个案件时可以设想，也许张某性格忠厚，不愿给家人或者单位增加负担，仅仅自己吃了止疼药就休息了，但最终结果是丧失了生命且没有获得工伤赔偿。各级政府机构和司法机关都没有支持张某妻子对于工伤认定的要求，理由是张某的情况不符合法律规定的“职工在工作时间和工作岗位，突发疾病死亡或者在 48 小时之内经抢救无效死亡的”情形，或者说张某既不是突发疾病直接死亡，又不是经抢救无效死亡（没有进行抢救）。

本案中还有一个问题值得关注。《河北省工伤案例分析会议纪要》中认为张某的情况可以认定为工伤，但是最高人民法院在《行政裁定书》中认为该纪要不具有普遍约束力，不能作为本案的定案依据。我们事后分析这个案件，可以考虑如果没有《河北省工伤案例分析会议纪要》，张某的妻子也许不会耗费大量时间、精力和财力将本案最终诉至最高院。

12 出差期间受到伤害是否属于工伤？

比照工伤认定的基本条款来看，出差期间的工伤认定具有一些特殊性，不再要求工作场所，也不再要求工作时间，只限定工作原因。换言之，职工在出差期间，一律可以视为是处在工作时间和工作场所内，一旦发生事故受伤，最终被认定为工伤的可能性很大。

我们举个例子：职工在出差的路上发生交通事故，并且对事故发生负主要责任。有些人可能会认为既然自己对事故承担主要责任，那就不能认定工伤了。但事实上是可以认定为工伤的，这里的交通事故并不是发生在上下班路上，而是出差路上，符合相关法律规定可以认定为工伤。当然，如果交通事故的发生是因为职工醉酒、自杀、故意犯罪等原因那就要排除工伤认定。

出差过程中职工见客户、跑业务或者进行其他以工作为目的的活动可以认为是工作原因，发生伤害事故后，应当积极进行工伤认定。职工如果利用出差时的工作空余时间，在出差当地走亲访友、旅游观光等则不能认为是工作原因，发生伤害事故也不能被认定工伤。

法条链接 **《最高人民法院关于审理工伤保险行政案件若干问题的规定》：**

第五条 ……职工因工外出期间从事与工作或者受用人单位指派外出学习、开会无关的个人活动受到伤害，社会保险行政部门不认定为工伤的，人民法院应予支持。

13 参加单位组织活动受伤是否属于工伤？

用人单位在日常经营和生产之外还会组织职工进行一些活动，例如旅游、年会、参观、学习、团队建设、拓展训练等。在这些活动中如果职工遭受伤害事故，也可以按照《工伤保险条例》中的一般工伤情形进行认定，也就是说，参加单位组织的活动通常会被认为是“工作原因”，如果因此发生伤害事故，被认定为工伤的可能性很大。

当然现实生活是复杂的，有些活动是由单位组织的，也有些活动是同事之间自行相约组织的。比如有些职工爱好打篮球，自行联络了单位中一些有同样爱好的同事利用休息时间去打篮球，如果此时受到伤害就很难认定工伤。活动是否由单位组织，可以从一些具体标准去把握：活动的名称、活动的目的、活动的组织形式和参与人员，还有一点非常重要，就是活动经费的支出。在具体案件中，如果双方争论活动是不是单位组织的，就可以从上面的情况入手考虑。

➲ 法条链接 **《人力资源社会保障部关于执行〈工伤保险条例〉若干问题的意见（二）》：**

四、职工在参加用人单位组织或者受用人单位指派参加其他单位组织的活动中受到事故伤害的，应当视为工作原因，但参加与工作无关的活动除外。

《国务院法制办公室对〈关于职工参加单位组织的体育活动受到伤害能否认定为工伤的请示〉的复函》：

作为单位的工作安排，职工参加体育训练活动而受到伤害的，应当依照《工伤保险条例》第十四条第（一）项中关于“因工作原因受到事故伤害的”的规定，认定为工伤。

14 职工违章操作受伤能否认定工伤?

职工违章操作的情况不会影响工伤认定，也就是说，只要是职工在工作时间、工作场所因工作原因受到的伤害就应当予以工伤认定。我们考虑工伤认定时，职工个人的过错不重要，无论职工是否有过错以及过错的大小都不影响工伤认定，也不影响职工获得工伤待遇。

目前在我国的法律制度框架内，上述结论是很明确的。法律规定侧重保护了职工的权益，但法律保护只是事后保护。工伤保险的待遇只是对工伤职工的补偿，补偿金额与其他各项待遇不可能完全覆盖职工的损失。在工作中，职工应该加强自我防范，遵守安全制度，尽量避免伤害事故的发生。对于单位而言，制订安全制度的目标应该设定为减少乃至避免事故的发生。现实生活中有些单位的规章制度内容过于笼统，不具有可操作性；有些单位的规章制度非常详细，但是并没有很好地监督落实；有些单位的安全管理过于依赖规章制度，过于依赖职工个人的谨慎，没有充分的安全防护器具和措施。如果不能有效减少工伤事故的发生，安全制度本身的意义就将大打折扣。

15 不得认定工伤的情况有什么？

上个问题中，我们探讨了职工因违章操作而受伤还可以认定工伤的情况，有些人可能会有疑问：是不是认定工伤时在任何情况下都不考虑职工个人的过错呢？当然不是，工伤制度的保护不是无限的，如果伤害事故是因为职工自杀、自残、醉酒、吸毒或故意犯罪引起的，那就可以排除工伤认定。

自杀、自残的行为本身就包含着职工对相关伤害后果的追求，这些伤害后果大多与工作没有关联，单位和社会也不能为这样的事件买单。自杀、自残不能认定为工伤的制度清晰明了，也容易被公众理解和接受。但有些特殊情况下，职工因工作原因或者是工伤事故导致精神状态出现异常，然后在这种异常情况下做出了自杀、自残的行为。我们可以认为此职工自杀自残的行为是工作原因导致的，仍然有认定工伤的可能。这种极端情况的认定过程中需要查明更多细节事实，争议也会更大。

醉酒也是排除工伤认定的一个理由。很多单位出于生产安全的考虑，都会要求工作时间不可以饮酒。从法律规定的角度来看，饮酒和醉酒还是有一定的区别。醉酒的认定标准为每100毫升血液酒精含量大于或等于80毫克，与职工个人的“酒量”无关。关于醉酒职工的工伤认定问题，也应当考虑因果联系问题。虽然发生伤害事故时职工处于醉酒状态，但如果职工对事故发生没有责任，而且醉酒不是公司事故发生的原因时，也可以认为符合工伤认定条件。

犯罪分为故意犯罪和过失犯罪，并非所有的犯罪行为都不能认定为工伤，因过失犯罪主观恶意很小，造成伤害事件后仍可以进行工伤认定。有些单位有专职司机，司机在驾驶过程中都属于处于工作状态，如果发生交通事故（这是在工作过程中发生的交通事故，与上下班途中的交通事故不同）受到伤害的话，正常情况下应当予以认定工伤。即使作为司机的职工在交通事故中有过错，甚至被判有交通肇事罪也仍然可以认定为工伤，原因就在于交通肇事罪属于过失犯罪。

法条链接 **《工伤保险条例》**：

第十六条　职工符合本条例第十四条、第十五条的规定，但是有下列情形之一的，不得认定为工伤或者视同工伤：

（一）故意犯罪的；

（二）醉酒或者吸毒的；

（三）自残或者自杀的。

《中华人民共和国社会保险法》：

第三十七条　职工因下列情形之一导致本人在工作中伤亡的，不认定为工伤：

（一）故意犯罪；

（二）醉酒或者吸毒；

（三）自残或者自杀；

（四）法律、行政法规规定的其他情形。

《实施〈中华人民共和国社会保险法〉若干规定》：

第十条 社会保险法第三十七条第二项中的醉酒标准，按照《车辆驾驶人员血液、呼气酒精含量阈值与检验》（GB19522-2004）执行。公安机关交通管理部门、医疗机构等有关单位依法出具的检测结论、诊断证明等材料，可以作为认定醉酒的依据。

16 没有劳动关系就不能认定工伤吗？

存在劳动关系并不是认定工伤的必需条件。机关事业单位编制内的工作人员在法律意义上并不属于劳动关系中的劳动者，与单位不存在劳动关系，这些职工在工作中发生伤害事故后也可以根据《工伤保险条例》及其他法律法规进行工伤认定。

【案例1-4】项目分包、转包后，职工发生工伤事故，谁来承担工伤保险责任？

基本案情 重庆某公司经重庆市开县工商行政管理局注册登记，成立于2008年6月5日，属企业法人（自然人独资），经营范围：建筑劳务分包服务（按资质证核定范围期限经营）。2013年9月1日，Z集团第五分公司将其承建H项目工程的劳务部分分包给重庆某公司，该公司又将铺设琉璃瓦劳务分包给自然人董某。2014年9月22日，董某的合伙人孙某卫招聘孙某生、蔺某平、苏某保和蔺某全四人共同铺设琉璃瓦。2014年10月8日11时左右，蔺某全在施工现场19号楼楼顶铺设琉璃瓦时，被吊沙灰的塔吊铁盘砸伤左足，后被送往医院救治。该医院诊断为左足压砸伤（毁损伤）：1. 左足第一趾末节趾腹脱套伤；2. 左足第一趾甲床撕裂；3. 左足第二趾中节离断伤；4. 左足第三趾甲床撕裂。2015年9月9日，蔺某全向兰州市人社局提出工伤认定申请，并提交了兰州市职工工伤认定申请表、蔺某全的住院病历、身份证复印件、孙某生等工友的证明等相关材料。兰州市人社局于2016年4月12日受理后，于2016年4月14日向重庆某公司邮寄送达了兰州市职工工伤认定调查举证通知书。兰州市人社局经审查核实，于2016年6月20日作出《兰州市职工工伤认定决定书》兰人社工伤字［2016］369号，以下简称369号工伤认定决定），依据《工伤保险条例》第十四条第一项规定，认定蔺某全为工伤，并于2016年7月5日、7月6日分别送达蔺某全、重庆某公司。

另外甘肃省永登县劳动人事争议仲裁委员会就蔺某全与Z集团有限公司劳动争议纠纷，于2015年2月17日作出永劳人仲裁字（2015）第04号裁决书，裁决驳回蔺某全要求确认与Z集团有限公司之间存在劳动关系的请求。之后，蔺某全向甘肃省永登县人民法院提起民事诉讼，请求确认其与Z集团有限公司或者重庆某公司之间存在劳动关系。

此后，蔺某全与两家公司确认劳动关系的案件最终都没有获得支持，也就是说他与两家公司均不存在劳动关系。在此基础上人社局却进行了工伤认定，重庆某公司对此表示不服提起行政诉讼，请求撤销兰州市人社局作出的369号工伤认定决定。

一审兰州铁路运输中级人民法院以（2016）甘71行初165号行政判决驳回了重庆某公司的请求。理由如下：重庆某公司作为具备用工主体资格的承包单位，违法将承包业务分包给不具备用工主体资格的自然人董某，董某招聘的蔺某全在铺设琉璃瓦时因工受伤，故重庆某公司依法应当承担蔺某全所受事故伤害的工伤保险责任。兰州市人社局作出的被诉工伤认定决定认定事实清楚，证据确凿，适用法律、法规正确，符合法定程序。重庆某公司的诉讼理由于法无据，其诉讼请求不予支持。

二审甘肃省高级人民法院（2017）甘行终266号行政判决书的观点与一审法院的不同，二审认为原工伤认定和一审判决事实不清，应当予以撤销。理由如下：是否存在劳动关系是认定工伤的必要条件，没有劳动关系的劳动者，即使在工作中受到伤害，也不构成工伤事故的保险责任。

二审判决作出后，蔺某全一方申请再审。最高人民法院的观点如下：国家建立工伤保险制度，其目的在于保障因工作遭受事故伤害或者患职业病的职工获得医疗救治和经济补偿。用人单位有为本单位全部职工缴纳工伤保险费的义务，职工有享受工伤保险待遇的权利，即通常情况下，社会保险行政部门认定职工工伤，应以职工与用人单位之间存在劳动关系为前提，除非法律、法规及司法解释另有规定情形。《最高人民法院关于审理工伤保险行政案件若干问题的规定》第三条第一款规定："社会保险行政部门认定下列单位为承担工伤保险责任单位的，人民法院应予支持……（四）用工单位违反法律、法规规定将承包业务转包给不具备用工主体资格的组织或者自然人，该组织或者自然人聘用的职工从事承包业务时因工伤亡的，用工单位为承担工伤保险责任的单位……"该条规定从有利于保护职工合法权益的角度出发，对《工伤保险条例》将劳动关系作为工伤认定前提的一般规定做出了补充，即当存在违法转包、分包的情形时，用工单位承担职工的工伤保险责任不以是否存在劳动关系为前提。根据上述规定，用工单位违反法律、法规规定将承包业务转包、分包给不具备用工主体资格的组织或者自然人，职工发生工伤事故时，应由违法转包、分包的用工单位承担工伤保险责任。

至此，本案争议尘埃落定，虽然蔺某全与重庆某公司之间不存在法律意义上的劳动关系，但仍然可以认定工伤。

➲ 评析　对一般劳动者而言，存在劳动关系是认定工伤的前提，但是也会存在一些特殊情况。劳动者在工作中发生伤害事故后，如果确实与单位不存在劳动关系，也不必直接放弃工伤认定和自身权益，可以先行咨询律师等专业人员。如果自身情况符合工伤认定的特殊规定，仍有机会申请工伤认定。

➲ 法条链接　**《人力资源社会保障部关于执行〈工伤保险条例〉若干问题的意见》：**

七、具备用工主体资格的承包单位违反法律、法规规定，将承包业务转包、分包给不具备用工主体资格的组织或者自然人，该组织或者自然人招用的劳动者从事承包业务时因工伤亡的，由该具备用工主体资格的承包单位承担用人单位依法应承担的工伤保险责任。

《最高人民法院关于审理工伤保险行政案件若干问题的规定》：

第三条　社会保险行政部门认定下列单位为承担工伤保险责任单位的，人民法院应予支持：

（一）职工与两个或两个以上单位建立劳动关系，工伤事故发生时，职工为之工作的单位为承担工伤保险责任的单位；

（二）劳务派遣单位派遣的职工在用工单位工作期间因工伤亡的，派遣单位为承担工伤保险责任的单位；

（三）单位指派到其他单位工作的职工因工伤亡的，指派单位为承担工伤保险责任的单位；

（四）用工单位违反法律、法规规定将承包业务转包给不具备用工主体资格的组织或者自然人，该组织或者自然人聘用的职工从事承包业务时因工伤亡的，用工单位为承担工伤保险责任的单位；

（五）个人挂靠其他单位对外经营，其聘用的人员因工伤亡的，被挂靠单位为承担工伤保险责任的单位。

前款第（四）、（五）项明确的承担工伤保险责任的单位承担赔偿责任或者社会保险经办机构从工伤保险基金支付工伤保险待遇后，有权向相关组织、单位和个人追偿。

第二节 工伤认定程序

17 第三方代缴社会保险，发生工伤应该怎么办？

首先我们需要明确，是否缴纳社会保险以及由谁缴纳社会保险通常情况下不会影响工伤认定，也就是说伤害事故发生后是否应当认定工伤，只需要考虑伤害发生的事实情况是不是符合法律规定的工伤认定条件；工伤认定后职工能享受的工伤待遇也是以伤害程度、职工个人工资水平和当地工资水平为前提。这里需要讨论的是，工伤待遇应当由谁承担的问题。

【案例 1-5】用人单位和缴纳社会保险单位不一致，社会保险基金给理赔吗？

➡案情 2013年6月24日，旺某在广州市G物业管理有限公司宿舍楼值班时突发心肌梗死死亡，经广州市南沙区人力资源和社会保障局认定为工伤。2015年12月1日，死者家属申请工伤死亡待遇，2015年12月25日，社会保险基金管理中心作出《告知书》，认为死者旺某的用人单位是河源市某人力资源有限公司，而该公司并未在广州市为旺某参加工伤保险、缴交工伤保险费，因此，不同意向原告支付工伤保险待遇。

死者家属不服，于2016年1月5日诉至原审法院。2016年3月9日，死者家属以社会保险基金管理中心承诺就其社会工伤保险待遇重新核定为由自愿撤回起诉，原审法院作出（2016）粤7101行初35号《行政裁定书》，裁定准予原告撤回起诉。2016年3月28日，死者家属申请支付工伤死亡待遇，2016年6月12日，社会保险基金管理中心作出《告知书》，再次以死者旺某的用人单位是河源市某人力资源有限公司，而该公司2010年5月至2013年6月期间没有在广州市为旺某参加工伤保险为由，不同意支付旺某的工伤保险待遇。

家属不服，再次诉至原审法院。原审法院认为，根据《工伤保险条例》第五条第三款及第四十六条第（五）项的规定，被告对原告要求支付工伤保险待遇的申请具有审查的职权。根据《中华人民共和国社会保险法》第二条规定，国家建立工伤保险、失业保险、生育保险等社会保险制度，是为了保障公民在年老、疾病、工伤、失业、生育等情况下依法从国家和社会获得物质帮助的权利。本案中，广州某人力资源有限公司已为死者旺某缴交了工伤保险费，在旺某的死亡被认定为工伤的情况下，原告依法有从国家和社会获得物质帮助的权利，广州市社会保险基金中心应该支付旺某的工伤保险待遇。

社会保险基金中心对一审判决不服，上诉至二审法院。二审法院认为，旺某系河源市某人力资源有限公司派遣至广州市G物业管理有限公司的劳务工，用人单位和用工单位均没有为其办理参保手续，而是由广州某人力资源有限公司为其在用工单位所在地广州市南沙区办理参保缴费手续。旺某在工作期间因突发疾病死亡，经南沙区社会保险行政部门认定为工伤，其家属有权向参保地的社会保险经办机构主张旺某的工伤保险待遇。

评析 本案单位没有按照法律规定缴纳社会保险，而是委托给其他公司代为缴纳，发生工伤后工伤的责任单位和缴纳工伤保险的单位不一致，社会保险基金是不是还应当继续依法理赔存在争议。首先，公司的这种行为是违法的，破坏了行政部门对劳动关系和社会保险关系的管理秩序，当然不能提倡。案件的最终结果，法院还是支持了死者家属的主张，由社会保险基金中心支付了工伤待遇。当然，即使家属败诉，也可以要求单位支付工伤待遇，只是需要担心的是公司的支付能力。

法条链接 **《工伤保险条例》：**

第二条　中华人民共和国境内的企业、事业单位、社会团体、民办非企业单位、基金会、律师事务所、会计师事务所等组织和有雇工的个体工商户（以下称用人单位）应当依照本条例规定参加工伤保险，为本单位全部职工或者雇工（以下称职工）缴纳工伤保险费。

18 什么时候去认定工伤？

工伤认定的申请一般先由用人单位在职工事故伤害发生之日或者

按照职业病防治法规定被诊断、鉴定为职业病之日起 30 日内，向统筹地区劳动保障行政部门提出工伤认定申请。遇有特殊情况，经报社会保险行政部门同意，申请时限可以适当延长。

用人单位未在职工事故伤害发生之日或者按照职业病防治法规定被诊断、鉴定为职业病之日起 30 日内提出工伤认定申请的，工伤职工或者其直系亲属、工会组织在事故伤害发生之日或者被诊断、鉴定为职业病之日起 1 年内，可以直接向用人单位所在地统筹地区劳动保障行政部门提出工伤认定申请。

有些职工可能是出于对单位的信任，或者对法律规定不了解，在工伤事故发生后将相关材料交给单位后一直等待单位处理，而单位又以各种理由推诿，最终使工伤认定的时间超过法律规定的期限。所以这里需要说明，如果公司拒绝或拖延申请工伤认定，职工一方（职工本人或者家属）可以不经单位同意而直接申请工伤认定。职工及职工家属申请工伤认定的时间不要超过 1 年。

19 单位迟延申请工伤认定应当承担什么责任?

之前我们讨论过职工和单位都可以申请认定工伤，只是申请的时间有一定的区别，单位是 30 天之内，职工是 1 年之内。这样看来，单位和职工究竟是谁去申请工伤都属于选择之一，都是合法的。但是我们进一步分析后就会发现，单位在职工事故伤害发生之日或者按照《中华人民共和国职业病防治法》规定，被诊断、鉴定为职业病之日起 30 日内申请工伤认定是法定义务。单位必须依法主动申请工伤认定，有些单位会认为既然职工自己也可以申请工伤认定，不如让职工自己去申请，甚至有些单位还会阻挠职工申请工伤认定。这种做法违反法律，而且要承担一定的后果。

工伤认定后，职工可以享受各项工伤保险待遇，这些待遇有些是由工伤保险基金承担，有些由单位承担。首先，我们需要了解，单位即使已经依法为职工缴纳了工伤保险费用也不能认为单位完全解决了工伤问题，职工一旦发生工伤，单位还是需要承担一部分保险待遇的；其次，如果单位迟延申请工伤认定，则有可能扩大自己的责任范围，将原本归属于工伤保险基金负担的费用转移到由单位承担。

《中华人民共和国劳动和社会保障部关于实施 <工伤保险条例> 若干问题的意见》第六条规定：“条例第十七条第四款规定‘用人单位未在本条第一款规定的时限内提交工伤认定申请的，在此期间发生符合本条例规定的工伤待遇等有关费用由该用人单位负担’。这里用人单位承担工伤待遇等有关费用的期间是指从事故伤害发生之日或职业病确诊之日起到劳动保障行政部门受理工伤认定申请之日止。”在 30 日内申请工伤认定是单位的法定义务，不及时申请工伤认定也会承担法律责任，但这不意味着职工一方就可以高枕无忧地等待单位去申请。工伤认定往往以伤害事实为基础，随着时间的流逝，反映客观事实的证据会减少或者变得模糊，导致伤害时间难以查清，甚至可能出现最终无法认定工伤的情况。因此，作为职工本人或者家属，应当以自身权益为重，催促单位尽快进行工伤认定，如果单位有拖延的情况可以自行向劳动保障行政部门申请。

20 超过工伤申请的 1 年时间，怎么办？

上面已经谈到单位一方申请工伤认定的时间超过 30 日的后果，包括职工或职工家属可以自行申请工伤认定，单位需要承担迟延时间范围内的工伤保险待遇。那么我们进一步讨论，如果职工一方超过1年没有进行工伤认定该怎么办？这种情况在现实中并不少见，有一些情况是法律允许的合理延误：职工一方因客观原因无法及时完成登记；职工和单位因为是否存在劳动关系发生争议，正在仲裁和诉讼过程中；因为用人单位原因耽误职工申请的。

我们对职工和职工家属的建议当然是尽量不要使申请工伤认定的时间超过1年，当条件具备时越早申请越好，但是如果有些职工在打算申请工伤认定时才发现已经超过了一年时间，也不必直接放弃进行工伤认定。可以考虑在伤害事故发生后到申请工伤认定的时间内是否有法定理由，在充分举证延误理由的基础上进行工伤认定。这里面我们重点关注因用人单位原因耽误职工申请工伤认定的理解，在实务中有些单位会表面上收集资料并告知职工正在积极申请工伤认定，但是实际上一直在拖延，直到超过1年时限；有些单位为稳住职工，反复与职工协商工伤认定事宜，设法让职工相信单位可能给出比工伤待遇更丰厚的赔偿，但超过工伤认定的申请时间后就翻脸不认；更有单位利用职工法律知识匮乏，谎称单位已经按照工伤处理还主动垫付一部分医疗费，造成职工根本没有意识到自己有必要申请工伤认定。这些做法在部分案例中可以认为是单位原因造成的工伤申请延误，职工也有权在超过1年时间后申请工伤认定。当然，这里需要再次强调职工的个人权益需要个人主动维护，虽然法律有规定合法的延误理由，但实践运用时有很大的不确定性，这些理由只能作为延误的补救。

➲法条链接 **《最高人民法院关于审理工伤保险行政案件若干问题的规定》（法释［2014］9号）：**

第七条 由于不属于职工或者其近亲属自身原因超过工伤认定申请

期限的，被耽误的时间不计算在工伤认定申请期限内。

有下列情形之一耽误申请时间的，应当认定为不属于职工或者其近亲属自身原因：

（一）不可抗力；

（二）人身自由受到限制；

（三）属于用人单位原因；

（四）社会保险行政部门登记制度不完善；

（五）当事人对是否存在劳动关系申请仲裁、提起民事诉讼。

《人力资源社会保障部关于执行〈工伤保险条例〉若干问题的意见（二）》（人社部发［2016］29号）：

八、有下列情形之一的，被延误的时间不计算在工伤认定申请时限内。

（一）受不可抗力影响的；

（二）职工由于被国家机关依法采取强制措施等人身自由受到限制不能申请工伤认定的；

（三）申请人正式提交了工伤认定申请，但因社会保险机构未登记或者材料遗失等原因造成申请超时限的；

（四）当事人就确认劳动关系申请劳动仲裁或提起民事诉讼的；

（五）其他符合法律法规规定的情形。

21 应该到哪个部门申请工伤认定？

这个问题在《工伤保险条例》中有明确的规定，是“社会保险行政部门”，“社会保险行政部门”是指人力资源和社会保障局（也可以指人力资源社会保障部或者人力资源社会保障厅），简称为“人社局”，生活中很多人也会称之为“劳动局”。具体办理事务时可能会经由社会保险行政部门下设的科室受理工伤认定申请，例如“工伤科”。

如果单位已经依法缴纳了社会保险，则到参保地申请工伤认定，如果没有缴纳社会保险可以到单位注册地申请。

22 认定工伤过程中能否同时确定劳动关系？

关于这个问题，我们首先了解两个法律规定：

《最高人民法院行政审判庭关于劳动行政部门在工伤认定程序中是否具有劳动关系确认权请示的答复》（[2009] 行他字第 12 号）：“根据《劳动法》第九条和《工伤保险条例》第五条、第十八条的规定，劳动行政部门在工伤认定程序中，具有认定受到伤害的职工与企业之间是否存在劳动关系的职权。”

《中华人民共和国劳动争议调解仲裁法》第二条规定：“中华人民共和国境内的用人单位与劳动者发生的下列劳动争议，适用本法：（一）因确认劳动关系发生的争议”。

有一种观点认为，劳动部门应该在工伤认定过程中就劳动关系是否存在一并做出认定，这有利于保护劳动者权益。如果要求劳动者必须先行确定劳动关系，则职工需要就劳动关系问题先申请劳动仲裁，仲裁裁决做出后可能还要经历诉讼一审、二审程序，这样会造成职工一方的负担加重，不利于保护职工权益。相反的观点认为，对劳动争议进行处理是仲裁部门的职权，不是工伤认定部门的职权，工伤认定机关不能越权。

这里我们回归到《工伤保险条例》第十八条的内容，职工提出工伤认定申请时需要提供与用人单位存在劳动关系（包括事实劳动关系）

的证明材料。如此看来，劳动局需要通过职工提交的证明材料来判断双方是否存在劳动关系，尤其法条中特别提出了“事实劳动关系”的概念。事实劳动关系，通俗的理解就是建立劳动关系的双方没有签订书面劳动合同，认定事实劳动关系可能用到的证据就包括工资记录、考勤记录等。从广义上来说，劳动争议仲裁委员会出具的仲裁裁决书和法院做出的民事判决书，也可以视为工伤认定申请过程中的证据，用以证明职工与单位存在劳动关系。

综上，我们对这个问题做出一个基本判断，社会保险行政部门有权在工伤认定过程中对双方是否存在劳动关系进行认定，但是这种认定依赖于职工提供的证明材料。如果职工不能就劳动关系进行充分举证或者单位一方否认劳动关系并提供了相反的证明材料，社会保险行政部门可能要求职工进一步提供证据，甚至要求职工提供劳动争议仲裁委员会出具的仲裁裁决书或人民法院做出的民事判决书。

23 申请工伤认定应当提交哪些材料？

（1）《工伤认定申请表》：在申请工伤认定时，由社会保险行政部门提供，具体填写方法也由政府工作人员指导。

（2）《劳动合同书》或其他证明事实劳动关系的证据。

（3）身份证明，包括受伤害职工的居民身份证复印件、单位的营业执照或者工商登记信息。直系亲属代表伤亡职工提出工伤认定申请的，还需提交有效的委托证明、直系亲属关系证明。

（4）证明事故发生的证据，如交通事故责任认定书、公安机关的出警记录、同事的证人证言、职业病诊断证明书，等等。

（5）伤害情况的证明，主要指医疗机构出具的受伤害后诊断病历，或者是死亡证明。

以上内容只是我们的建议，《工伤保险条例》中对于所需提供的材料仅做了概括性规定，具体地区和工伤事故的种类不同都会对提供材料有不同的要求。在申请工伤认定时，如果材料准备不齐全，社会保险行政部门会告知需要补正的材料。

➡ 法条链接 **《工伤保险条例》**：

第十八条 提出工伤认定申请应当提交下列材料：

（一）工伤认定申请表；

（二）与用人单位存在劳动关系（包括事实劳动关系）的证明材料；

（三）医疗诊断证明或者职业病诊断证明书（或者职业病诊断鉴定书）。

工伤认定申请表应当包括事故发生的时间、地点、原因以及职工伤害程度等基本情况。

工伤认定申请人提供材料不完整的，社会保险行政部门应当一次性书面告知工伤认定申请人需要补正的全部材料。申请人按照书面告知要求补正材料后，社会保险行政部门应当受理。

24 工伤认定需要多长时间能得到结果?

一般来说是 15 天到 60 天，当然，不排除有时候工伤案情比较复杂，需要调查取证致使时间延长的可能。

➡ 法条链接 **《工伤保险条例》**：

第二十条 社会保险行政部门应当自受理工伤认定申请之日起 60

日内做出工伤认定的决定，并书面通知申请工伤认定的职工或者其近亲属和该职工所在单位。

社会保险行政部门对受理的事实清楚、权利义务明确的工伤认定申请，应当在 15 日内做出工伤认定的决定。

25 对于工伤认定结果不服应该怎么办？

在上一个问题中我们探讨了工伤认定的时长，法律规定的周期较短，即使存在一些特殊情况，工伤认定程序总体属于效率很高的程序。如果双方就劳动关系本身存在争议，还有可能需要先通过劳动争议仲裁和诉讼程序确认劳动关系，那么确认劳动关系的时间需要单独计算，不计入工伤认定的工作时间。

社会保险行政部门做出的工伤认定结论并不是一锤定音，职工和单位都有可能对工伤认定的结果不服。职工不服当然是因为结果是不认定工伤（极端情况下会出现社会保险行政部门认定工伤而职工认为不应当认定工伤的情况），单位不服可能是认定工伤也可能是不认定工伤。不服应该怎么办呢？职工或者其近亲属、用人单位如果对工伤认定决定不服的，可以依法申请行政复议或者提起行政诉讼。复议与诉讼之间没有前置关系，直接申请复议，对复议结果不服再诉讼，或者直接诉讼都是可行的。

行政复议 不服工伤认定，依法可以向上级劳动和社会保障局或同级当地人民政府申请行政复议，申请复议的时间在知道该决定作出之日起 60 内申请。申请时将做出工伤认定决定的社会保险行政部门作为被申请人。具体需要提交的材料在下面列出。（当然这些只是我们的建议，具体办理时以当地部门的要求为准。）

公民申请行政复议，应当提交下列材料：

（1）行政复议申请书一式两份（被申请人为两个以上的，每增加一个，相应增加一份）；

（2）申请人的身份证复印件，并出示原件当场核对；

（3）社会保险行政部门做出的工伤认定书；

（4）委托他人代为申请行政复议的，还须提交授权委托书；受托人的身份证复印件，并出示原件当场核对；律师代理的，还应提交律师所函、律师证复印件（出示原件当场核对）；

（5）公民死亡，其近亲属申请行政复议的，应提交公民死亡证明和申请人与死亡公民具有亲属关系的证明；

（6）申请人因不可抗力或者其他正当理由超过法定复议期限申请行政复议的，应提交有效的证据。

法人或其他组织申请行政复议，应当提交下列材料：

（1）行政复议申请书一式两份（被申请人为两个以上的，每增加一个，相应增加一份）；

（2）申请人是法人的，应提交营业执照复印件（出示原件当场核对）、法定代表人证明书；申请人是其他组织的，应提交有关单位批准该组织成立的文件、主要负责人证明书；

（3）社会保险行政部门做出的工伤认定书；

（4）委托他人办理的，还须提交授权委托书；受托人的身份证复印件，并出示原件当场核对；律师代理的，还应提交律师所函、律师证复印件（出示原件当场核对）；

⑸ 法人或其他组织终止，承受其权利的法人或其他组织申请行政复议的，应提交承受权利的证明；

⑹ 申请人因不可抗力或者其他正当理由超过法定复议期限申请行政复议的，应提交有效的证据；

⑺ 其他必要的材料。

➡ 行政诉讼　提起行政诉讼有两种可能：在工伤认定做出后不服的一方可以直接向人民法院提起行政诉讼；如果对工伤认定结论提起过行政复议，复议后仍不服的再向人民法院提起行政诉讼。

行政诉讼同样存在一审、二审程序，也就是说职工或单位对工伤认定不服起诉到法院后，如果一审结果各方均认可，则诉讼程序结束；如果有一方不认可，可能是职工、单位或者社会保险行政部门，那么案件还可能存在二审。二审判决是终审判决，已经生效，如果仍有不服可以申请再审，再审期间不停止执行生效判决。

总的来说，如果争议各方完全用尽法律规定的程序，工伤认定的时间将远远长于上个问题中提到的15到60天的时间，甚至拖延数年。

➡ 法条链接　**《中华人民共和国行政诉讼法》：**

第二十六条　公民、法人或者其他组织直接向人民法院提起诉讼的，作出行政行为的行政机关是被告。

经复议的案件，复议机关决定维持原行政行为的，作出原行政行为的行政机关和复议机关是共同被告；复议机关改变原行政行为的，复议机关是被告。

复议机关在法定期限内未作出复议决定，公民、法人或者其他组织起诉原行政行为的，作出原行政行为的行政机关是被告；起诉复议机关不作为的，复议机关是被告。

两个以上行政机关作出同一行政行为的，共同作出行政行为的行政机关是共同被告。

行政机关委托的组织所作的行政行为，委托的行政机关是被告。

行政机关被撤销或者职权变更的，继续行使其职权的行政机关是被告。

第四十五条 公民、法人或者其他组织不服复议决定的，可以在收到复议决定书之日起十五日内向人民法院提起诉讼。复议机关逾期不作决定的，申请人可以在复议期满之日起十五日内向人民法院提起诉讼。法律另有规定的除外。

第四十六条 公民、法人或者其他组织直接向人民法院提起诉讼的，应当自知道或者应当知道作出行政行为之日起六个月内提出。法律另有规定的除外。

26 什么是劳动能力鉴定？

劳动能力鉴定包括工伤职工的劳动能力鉴定和其他情况下的劳动能力鉴定，我们这里主要讨论关于工伤职工的劳动能力鉴定问题，有时也被人称为“工伤鉴定”，但实际上“工伤鉴定”的涵盖范围可能更广，除劳动能力鉴定外还包括停工留薪期的鉴定等其他事项的鉴定。

工伤职工的伤情较重时需要通过劳动能力鉴定来明确劳动功能障碍程度和生活自理障碍程度。劳动功能障碍程度通常更受到关注，是工伤鉴定的核心内容，其结论将根据伤情的不同分为十级，“一级”最重，“十级”最轻，具体评价标准以《劳动能力鉴定职工工伤与职业病致残等级》为准。

一级：器官缺失或功能完全丧失，其他器官不能代偿，存在特殊医疗依赖，或完全或大部分或部分生活自理障碍。

二级：器官严重缺损或畸形，有严重功能障碍或并发症，存在特殊医疗依赖，或大部分或部分生活自理障碍。

三级：器官严重缺损或畸形，有严重功能障碍或并发症，存在特殊医疗依赖，或部分生活自理障碍。

四级：器官严重缺损或畸形，有严重功能障碍或并发症，存在特殊医疗依赖，或部分生活自理障碍或无生活自理障碍。

五级：器官大部缺损或明显畸形，有较重功能障碍或并发症，存在一般医疗依赖，无生活自理障碍。

六级：器官大部缺损或明显畸形，有中等功能障碍或并发症，存在一般医疗依赖，无生活自理障碍。

七级：器官大部分缺损或畸形，有轻度功能障碍或并发症，存在一般医疗依赖，无生活自理障碍。

八级；器官部分缺损，形态异常，轻度功能障碍，存在一般医疗依赖，无生活自理障碍。

九级：器官部分缺损，形态异常，轻度功能障碍，无医疗依赖或者存在一般医疗依赖，无生活自理障碍。

十级：器官部分缺损，形态异常，无功能障碍，无医疗依赖或者存在一般医疗依赖，无生活自理障碍。

生活自理障碍程度分为三级，生活完全不能自理；生活大部分不能自理；生活部分不能自理。生活自理范围主要包括下列五项。进食：完全不能自主进食，需依赖他人帮助；翻身：不能自主翻身；大、小便：不能自主行动，排大小便需要他人帮助；穿衣、洗漱：不能自己穿衣、洗漱，完全依赖他人帮助；自主行动：不能自主走动。以上五项都需要护理的认为是生活完全不能自理；其中有三四项需要护理的属于大部分生活自理障碍；其中有一二项需要护理的属于部分生活自理障碍。

以上标准职工和单位稍作了解即可，真正有权做出鉴定结论的是劳动能力鉴定委员会。职工不能自己根据标准自行判断工伤伤残等级，如果工伤职工拒绝进行劳动能力鉴定则不能享受相关的工伤待遇。

➡ 法条链接 **《工伤保险条例》**：

第四十二条　工伤职工有下列情形之一的，停止享受工伤保险待遇：

（一）丧失享受待遇条件的；

（二）拒不接受劳动能力鉴定的；

（三）拒绝治疗的。

27 劳动能力鉴定在什么时候去做？

劳动能力鉴定的具体时间以工伤职工的伤情发展情况而定，属于医学问题。《工伤保险条例》第二十一条规定：“职工发生工伤，经治疗伤情相对稳定后存在残疾、影响劳动能力的，应当进行劳动能力鉴定。”

28 不服劳动能力鉴定结论应该怎么办？

劳动能力鉴定委员会可以分为两级，包括设区的市级劳动能力鉴定委员会和省、自治区、直辖市劳动能力鉴定委员会。对设区的市级劳动能力鉴定委员会作出的鉴定结论不服的，不能申请劳动仲裁或以劳动能力鉴定委员会为被告向人民法院提起诉讼，因为这种事项不属于劳动争议，不属于人民法院民事诉讼主管的范围。用人单位、工伤职工或其直系亲属只能通过向省、自治区、直辖市的劳动能力鉴定委员会提出再次鉴定申请来寻求救济。

省、自治区、直辖市劳动能力鉴定委员会作出的劳动能力鉴定结论为最终结论，对此，用人单位、工伤职工或其直系亲属不得再次申请鉴定，亦不得申请仲裁或向人民法院提起诉讼。省、自治区、直辖市的劳动能力鉴定委员会就再次鉴定申请作出最终的鉴定结论后，应当履行对用人单位、工伤职工或其直系亲属的送达义务。

29 劳动能力鉴定后伤情又加重的怎么办？

劳动能力鉴定需要在伤情稳定后进行就是为了防止出现伤情在持续发展时，鉴定结论不准确的问题。伤情是否稳定依赖于医学判断，并且这种判断很难完全准确。如果工伤职工或者其近亲属、所在单位或者经办机构认为伤残情况发生变化的，可以申请劳动能力复查鉴定。劳动能力复查鉴定的流程与初次进行劳动能力鉴定的流程一致。

第三节　工伤待遇

30 在劳务派遣中哪家单位承担工伤责任?

劳务派遣是一种特殊的劳动关系，在劳务派遣中会有三方主体，分别是劳务派遣单位、实际用工单位和劳动者。劳务派遣单位作为法律意义上的用人单位与劳动者建立劳动关系，将劳动者派遣到具体用工单位时与用工单位签订《劳务派遣合同》，劳务派遣单位与劳动者签订《劳动合同》。劳动者接受实际用工单位的管理并为用工单位提供劳动。用工单位通过劳务派遣单位将工资发放给劳动者，劳务派遣单位为劳动者缴纳社会保险。

那么，被派遣劳动者受工伤，由谁承担责任呢?

《劳务派遣暂行规定》第十条规定：被派遣劳动者在用工单位因工作遭受事故伤害的，劳务派遣单位应当依法申请工伤认定，用工单位应当协助工伤认定的调查核实工作。劳务派遣单位承担工伤保险责任，但可以与用工单位约定补偿办法。

被派遣劳动者在申请进行职业病诊断、鉴定时，用工单位应当负责处理职业病诊断、鉴定事宜，并如实提供职业病诊断、鉴定所需的劳动者职业史和职业危害接触史、工作场所职业病危害因素检测结果等资料，劳务派遣单位应当提供被派遣劳动者职业病诊断、鉴定所需的其他材料。

《最高人民法院关于审理劳动争议案件适用法律若干问题的解释(二)》第十条规定："劳动者因履行劳动力派遣合同产生劳动争议而起诉，以派遣单位为被告；争议内容涉及接受单位的，以派遣单位和接受单位为共同被告。"

劳务派遣单位虽然与劳动者之间没有发生实际用工，但作为法律上的用人单位，在工伤事故发生后将承担工伤责任。在一般工伤事故中，用人单位应当负担工伤保险待遇，劳动者应当向劳务派遣单位主张。那么用工单位承担哪些责任呢？劳务派遣单位和用工单位在建立合作关系时应当签订《劳务派遣合同》，法律允许双方在《劳务派遣合同》中约定工伤责任的最终承担者。劳务派遣单位在承担工伤责任后可以根据合同约定向用工单位追偿或者也可以与用人单位协商具体赔偿事宜。用工单位实际管理劳动者，掌握劳动者发生工伤情况的原始资料，需要积极配合工伤认定的调查核实工作。在职业病认定过程中，用工单位需要提供职业病诊断、鉴定所需的劳动者职业史和职业危害接触史、工作场所职业病危害因素检测结果等资料。如果因工伤事故发生纠纷，劳动者在申请劳动仲裁或提起诉讼的过程中也可以向劳务派遣单位和用工单位同时主张权利。在具体案件中，劳务派遣单位和用工单位作为共同被申请人或共同被告有助于裁判机构查明事实，快速解决争议。

31 一般情况下的工伤保险待遇有哪些？

这里所称的一般情况下的工伤保险待遇，是指即使没有发生死亡或者伤残时也应当享有的工伤保险待遇。这些工伤保险待遇都是根据工伤后治疗的情况据实确认，通常以实际发生为准。当然，如果后期职工的伤情恶化，发生了死亡或者伤残的情况，此类待遇也可以依据实际情况依法享受。

医疗费是大多数工伤职工首先面对的问题，一旦发生工伤事故，职工在绝大多数情况下都需要获得积极的治疗。治疗过程中的费用如果符合工伤保险诊疗项目目录、工伤保险药品目录、工伤保险住院服务标准的，从工伤保险基金支付。但是，如果有部分费用不属于上述目录或者标准的要求，应当如何处理呢？这个问题在法律条文中没有明确规定，实务中也存在比较大的争议。目前有些司法案例会要求单位承担超出标准的医疗费用。理由在于工伤保险制度的目的是工伤职工获得医疗救治和经济补偿，同时通过工伤保险机制的建立由社会保险机构分担用人单位的风险。用人单位对工伤职工所承担的法律责任，并不因工伤保险制度的建立而全部转移给社会保险机构或者职工个人。考虑到现实生活的复杂性，我们的建议是根据客观情况由单位和职工合理协商解决，如果属于治疗工伤伤情必要的费用，不能通过工伤保险报销的应当由单位承担；如果职工希望获得额外的更优质的而非必须要的治疗手段（包括药物、器材等）则可以由职工和单位协商解决。

住院期间的伙食补助费是指在职工住院治疗期间，工伤保险基金将支付的伙食补助费，金额按照当地政府制订的标准确定，通常为 30 元 / 天左右。

交通食宿费特指需要到统筹地区以外的医疗机构就医时产生的交通食宿费，此项费用也需要按照当地政府制订的标准确定。与住院伙食补助费不同的是，交通食宿费不是固定金额而需要据实报销，各地通常会规定交通、住宿标准限制，或者是报销金额上限。

康复治疗费。工伤职工到签订服务协议的医疗机构进行康复性治疗的费用从工伤保险基金支付。

辅助器具费。工伤职工因日常生活或者就业需要，经劳动能力鉴定委员会确认，可以安装假肢、矫形器、假眼、假牙和配置轮椅等辅助器具，所需费用按照国家规定的标准从工伤保险基金支付。

停工留薪期工资。职工因工作遭受事故伤害或者患职业病需要暂停工作接受工伤医疗的，在停工留薪期内，原工资福利待遇不变，由所在单位按月支付。

生活护理费。生活不能自理的工伤职工在停工留薪期需要护理的，由所在单位负责。工伤职工已经评定伤残等级并经劳动能力鉴定委员会确认需要生活护理的，从工伤保险基金按月支付生活护理费。生活护理费按照生活完全不能自理、生活大部分不能自理或者生活部分不能自理 3 个等级支付，其标准分别为统筹地区上年度职工月平均工资的 50%、40% 或者 30%。

32 死亡的工伤保险待遇有哪些?

死亡是最严重的工伤结果，我们有时也称之为“工亡”。根据《工伤保险条例》中的相关规定，在发生死亡的工伤事件中，工亡职工的近亲属可以领取三项工伤保险待遇。

（1）一次性工亡补助金。标准为上一年度全国城镇居民人均可支配收入的 20 倍。根据统计局的统计结果确定，这个标准下的具体金额每年都会发生变化。我们以 2020 年为例来进行说明，如果工伤事故发生在 2020 年，那么上一年度指 2019 年。依据国家统计局公布的数据，2019 年度全国城镇居民人均可支配收入为 42359 元。故 2020 年度一次性工亡补助金标准为 42359 元 ×20=847180 元。这项标准是全国统一执行，无论工伤诉讼、仲裁发生在什么地点，都按照统一的标准执行。所不同的就是每一年的统计结果差异导致的计算结果不同。

（2）丧葬补助金。丧葬补助金为 6 个月的统筹地区上年度职工月平均工资。这个标准根据地区不同计算的结果也不同，而且每年也会有变化。

（3）供养亲属抚恤金。按照职工本人工资的一定比例发给由因工死亡职工生前提供主要生活来源、无劳动能力的亲属。标准为配偶每月 40%，其他亲属每人每月 30%，孤寡老人或者孤儿每人每月在上述标准的基础上增加 10%。核定的各供养亲属的抚恤金之和不应高于因工死亡职工生前的工资。

《实施〈中华人民共和国社会保险法〉若干规定》第十一条：“社

会保险法第三十八条第八项中的因工死亡补助金是指《工伤保险条例》第三十九条的一次性工亡补助金，标准为工伤发生时上一年度全国城镇居民人均可支配收入的20倍。上一年度全国城镇居民人均可支配收入以国家统计局公布的数据为准。”

33 一至四级伤残的工伤保险待遇有哪些？

如果工伤职工的伤残等级被定为一至四级，就可以认为职工丧失了劳动能力，不能继续参与劳动。除享受一般工伤待遇外，职工因工致残被鉴定为一级至四级伤残的，保留劳动关系退出工作岗位，享受的待遇如下：

（1）从工伤保险基金按伤残等级支付一次性伤残补偿金，标准为一、二、三、四级伤残分别为27个月、25个月、23个月、21个月的本人工资。

（2）从工伤保险基金按月支付伤残津贴，标准为一级、二级、三级、四级伤残分别为本人工资的90%、85%、80%、75%。伤残津贴实际金额低于最低工资标准的，由工伤保险基金补足差额。

（3）职工因工致残被鉴定为一级至四级伤残的，由用人单位和职工个人以伤残津贴为基数缴纳基本医疗保险费。

法条链接《工伤保险条例》：

第六十四条 本条例所称工资总额，是指用人单位直接支付给本单位全部职工的劳动报酬总额。

本条例所称本人工资，是指工伤职工因工作遭受事故伤害或者患职业病前12个月平均月缴费工资。本人工资高于统筹地区职工平均工资 300% 的，按照统筹地区职工平均工资的 300% 计算；本人工资低于统筹地区职工平均工资 60% 的，按照统筹地区职工平均工资的 60% 计算。

34 五、六级伤残的工伤保险待遇有哪些？

职工发生工伤后被评定为五、六级伤残的，可以认为丧失了大部分劳动能力，根据实际情况有可能退出劳动岗位或者继续从事一些简单的劳动。除享受一般工伤待遇外，还享有以下待遇：

按伤残等级从工伤保险基金支付一次性伤残补助金，标准为五级伤残为 18 个月的本人工资，六级伤残为 16 个月的本人工资。

保留与用人单位的劳动关系，由用人单位安排适当工作。难以安排工作的，由用人单位按月发给伤残津贴，标准为五级伤残为本人工资的 70%，六级伤残为本人工资的 60%，并由用人单位按照规定为其缴纳应缴纳的各项社会保险费。伤残津贴实际金额低于当地最低工资标准的，由用人单位补足差额。五、六级的伤残津贴与一至四级的伤残津贴有很大不同，不仅金额有差距而且支付主体不同，五、六级伤残津贴由单位负担，一至四级伤残津贴由工伤保险基金负担。理由在于五、六级伤残的工伤职工具备一定的劳动能力，如果单位合理安排职工从事一些适当的工作，职工和单位仍然处于正常履行劳动合同的范畴，单位的负担也不会过重。

35 七至十级伤残的工伤保险待遇有哪些？

职工发生工伤后被评为七至十级伤残的并不会被认为丧失劳动能

力，也不会退出工作岗位，并不能享受每月发放的伤残津贴。除享受一般工伤待遇外，还享有以下待遇：

按伤残等级从工伤保险基金支付一次性伤残补助金，标准为七级伤残为13个月的本人工资，八级伤残为11个月的本人工资，九级伤残为9个月的本人工资，十级伤残为7个月的本人工资。

36 什么是停工留薪期？

从字面意思来讲，停工留薪期是指停止工作但继续领取工资的期间。我们这里讨论的停工留薪期及相应的工资福利是工伤职工的一项待遇。职工因工作遭受事故伤害或者患职业病需要暂停工作接受工伤医疗的，在停工留薪期内，原工资福利待遇不变，由所在单位按月支付。

停工留薪期的起点一般容易确认，就是职工受到工伤伤害并停止工作的时间，需要讨论的是结束时间。首先，我们划定一个最长期限——12个月或24个月。在通常情况下，停工留薪期不会超过12个月，如果伤情特别严重或者有其他情况，经市级劳动能力鉴定委员会确认可以再延长不超过12个月。当然，实务中大多都不会达到最长停工留薪期。有些工伤职工伤情完全可以治愈，那么可以认为治愈后可以正常工作是停工留薪期就结束了。但是什么是治愈呢？是出院、是治疗结束，还是职工可以自由活动的时间？此处所说的治疗由两部分构成，医院治疗和出院休养。医院治疗的时间是明确的，但出院后需要修养的时间就有一定的不确定性。因此在实践中首先要考虑医疗机构对伤情的医学鉴定意见，如果医院建议工伤职工休息，这种建议就应当被单位采纳。医疗机构还会对伤情出具诊断结论，单位需要结合职工受伤的严重程度，判断停工留薪期的期限。具体标准可以根据我国各省、市、自治区制定《工伤职工停工留薪期管理办法》《停工留薪期分类目录》确定，有些省市还需要由劳动能力鉴定委员会来确定停工留薪期。如果职工伤情较重，被评定了伤残等级，那么自伤残等级评定之日停工留薪期满，单位停发原工资待遇（各地有其他规定的，以当地规定为准）。由工伤保险待遇中的伤残补助金和伤残津贴负担工伤职工的生活所需。

37 已享受停工留薪期的工伤职工，能否再享受带薪年休假?

答案是可以。停工留薪期是指职工因工作遭受事故伤害或者患职业病后，需要暂停工作接受工伤医疗，继续享受原工资福利待遇的期限。设立停工留薪期的目的主要是保障工伤职工在身体恢复期间享受原工资福利待遇。工伤职工的停工留薪期一般是用人单位根据医疗机构为工伤职工出具的诊断证明或者休假证明，对照停工留薪期目录来确定。

带薪年休假是指法律规定的劳动者工作满一定的工作年限后，每年享有的带薪连续休假。虽然两者都有休息期间并享受工资的权利，但并不冲突。享受停工留薪期不影响职工的年假权利。根据相关法律法规，在其他一些情况下确实会存在职工不能享受年休假的情况。

法条链接 **《职工带薪年休假条例》：**

第四条 职工有下列情形之一的，不享受当年的年休假：

（一）职工依法享受寒暑假，其休假天数多于年休假天数的；

（二）职工请事假累计 20 天以上且单位按照规定不扣工资的；

（三）累计工作满 1 年不满 10 年的职工，请病假累计 2 个月以上的；

（四）累计工作满 10 年不满 20 年的职工，请病假累计 3 个月以上的；

（五）累计工作满 20 年以上的职工，请病假累计 4 个月以上的。

《企业职工带薪年休假实施办法》：

第六条　职工依法享受的探亲假、婚丧假、产假等国家规定的假期以及因工伤停工留薪期间不计入年休假假期。

第七条　职工享受寒暑假天数多于其年休假天数的，不享受当年的年休假。确因工作需要，职工享受的寒暑假天数少于其年休假天数的，用人单位应当安排补足年休假天数。

38 停工留薪期工资应当如何计算？

职工在停工留薪期内原工资福利待遇不变，由所在单位按月支付。所称的原待遇是指职工在受伤或被确诊患职业病前，原用人单位按照职工正常出勤对待而发给的全部工资和福利待遇，具体计算方法没有全国统一规定。通常认为应当以工伤职工因工作遭受事故伤害或者患职业病前 12 个月平均月工资扣除月加班工资的剩余工资为准，如果尚未工作 12 个月的，以实际工作时间的月平均工资扣除月加班工资的剩余工资为准。

工资的范围则应当是依据《工资支付暂行规定》（劳部发［1994］489 号）第三条和第十五条规定的包括用人单位代扣代缴的个人所得税和各项社会保险费用在内的劳动者应得工资。这些待遇既包括工资性收入，又包括非工资性收入；既包括货币性的福利，又包括非货币性的福利。

对于实施绩效考核的单位，由于职工治疗工伤没有工作绩效，故职工的绩效奖金给付的标准应该是依据职工受伤前的平均绩效来计算确定；如果职工的工资形式包含计件工资，则考虑职工正常完成定额时可以获得的工资金额，或者按照职工在工伤前的工作完成计件数量来综合考量职工在没有工伤的情况下能完成的工作量，然后进一步核算停工留薪期工资。

39 已经认定工伤后死亡的，可享受什么工伤保险待遇？

这里所说工伤后死亡，与一般意义上的“工亡”存在一定区别，不是在工伤事故中直接死亡，也不是在工作岗位上突发疾病死亡，而是指职工在工伤认定后处于治疗期间，因伤情恶化而死亡的情况。

如果职工是在停工留薪期内死亡的，则仍可以享受与通常工亡一样的工伤保险待遇。如果职工在停工留薪期结束后死亡，并且属于被鉴定为一级至四级的伤残职工，其近亲属只能要求工伤保险基金支付丧葬补助金、供养亲属抚恤金。

法律依据《工伤保险条例》：

第三十九条 ……伤残职工在停工留薪期内因工伤导致死亡的，其近亲属享受本条第一款规定的待遇。

一级至四级伤残职工在停工留薪期满后死亡的，其近亲属可以享受本条第一款第（一）项、第（二）项规定的待遇。

40 已经认定工伤后退休的，可享受什么工伤保险待遇？

一至四级的工伤职工退休金低于伤残待遇的，由工伤保险基金补足差额，其他工伤职工退休仍按本人应得的退休金享受工伤待遇的。

41 已经认定工伤后离职的，可享受什么工伤保险待遇？

对于一至四级伤残的工伤职工，一般不存在离职的问题。一至四级的工伤职工与单位保留劳动关系并退出工作岗位，这种劳动关系中没有职工提供劳动和单位实际管理的情况，只是形式上的劳动关系。

对于五、六级的工伤职工，劳动合同到期时单位无权终止劳动合同，但职工本人可以主动提出解除或终止劳动合同。单位同样不能按照客观情况发生变化、劳动者不能胜任工作、医疗期满和经济性裁员等理由与职工解除劳动关系。如果职工本人提出解除或终止劳动合同（此处所说解除劳动合同是指在劳动合同没有到期的情况下，职工主动申请离职；终止劳动合同是指劳动合同到期后，职工主动要求不再续签劳动合同），那么职工有权获得一次性工伤医疗补助金和一次性伤残就业补助金。由工伤保险基金支付一次性工伤医疗补助金，由用人单位支付一次性伤残就业补助金。

对于七级至十级工伤职工，劳动合同到期终止的处理和一般职工的处理方式一致，双方都有权要求劳动合同到期终止，当然在劳动合同未到期时职工也有权主张解除劳动合同。劳动合同解除或者终止后，职工有权获得一次性工伤医疗补助金和一次性伤残就业补助金。

就目前我国的立法宗旨而言，工伤职工如果有权获得一次性工伤医疗补助金和一次性伤残就业补助金，那么不论离职理由是什么，在离职时这两项权利都不减少。即使职工离职的原因是刑事犯罪被单位开除，其应当获得的各项补偿也不减少。如果依据《中华人民共和国劳动合同法》等法律法规，职工在离职时应当获得经济补偿金或者经济赔偿金，工伤职工在享有工伤保险待遇的同时上述赔偿或者补偿也不减少。

一次性工伤医疗补助金和一次性伤残就业补助金的标准由各地区自行规定，金额各不相同，基数一般有两种核算方式，分别是以职工本人平均工资为准或以当地平均工资为准。两项补助金发放的月数根据职工伤残等级确定，十级伤残职工获得的补助金最少，一般是2个月到6个月左右；五级伤残职工获得的补助金最多，一般是24个月到36个月。有些地区还会规定患职业病的职工享受两项补助金的金额有一定上浮，离职时距离法定退休年龄较近，尤其是不足五年的职工享受两项补助金的金额会相应减少。

法条链接 **《中华人民共和国劳动合同法》：**

第四十二条　劳动者有下列情形之一的，用人单位不得依照本法第四十条、第四十一条的规定解除劳动合同：

（一）从事接触职业病危害作业的劳动者未进行离岗前职业健康检查，或者疑似职业病病人在诊断或者医学观察期间的；

（二）在本单位患职业病或者因工负伤并被确认丧失或者部分丧失劳动能力的；

（三）患病或者非因工负伤，在规定的医疗期内的；

（四）女职工在孕期、产期、哺乳期的；

（五）在本单位连续工作满十五年，且距法定退休年龄不足五年的；

（六）法律、行政法规规定的其他情形。

第四十五条　劳动合同期满，有本法第四十二条规定情形之一的，劳动合同应当续延至相应的情形消失时终止。但是，本法第四十二条第二项规定丧失或者部分丧失劳动能力劳动者的劳动合同的终止，按照国家有关工伤保险的规定执行。

42 工伤待遇由谁发放？

在之前的讨论中我们已经分析过各项工伤保险待遇的发放主体，这里再做一次总结。如果单位没有依法为职工缴纳工伤保险，那么各项工伤保险待遇都将由单位负担，工伤职工也可以申请工伤保险基金先行垫付。

工伤保险基金支付的费用项目如下：

（1）治疗工伤的医疗费用和康复费用；

（2）住院伙食补助费；

（3）到统筹地区以外就医的交通食宿费；

（4）安装配置伤残辅助器具所需费用；

（5）生活不能自理的，经劳动能力鉴定委员会确认的生活护理费；

（6）一次性伤残补助金和一至四级伤残职工按月领取的伤残津贴；

（7）终止或者解除劳动合同时，应当享受的一次性医疗补助金；

（8）因工死亡的，其遗属领取的丧葬补助金、供养亲属抚恤金和因工死亡补助金；

（9）劳动能力鉴定费。

单位负担的内容如下：

（1）治疗工伤期间的工资福利；

（2）五级、六级伤残职工按月领取的伤残津贴；

（3）终止或者解除劳动合同时，伤残职工应当享受的一次性伤残就业补助金。

（4）在工伤伤残鉴定完成前，如果工伤职工需要护理的，费用由单位负责。

法条链接《中华人民共和国社会保险法》：

第四十一条　职工所在用人单位未依法缴纳工伤保险费，发生工伤事故的，由用人单位支付工伤保险待遇。用人单位不支付的，从工伤保险基金中先行支付。

从工伤保险基金中先行支付的工伤保险待遇应当由用人单位偿还。用人单位不偿还的，社会保险经办机构可以依照本法第六十三条的规定追偿。

43 如何通过劳动仲裁确定劳动关系？

劳动关系的确定和工伤认定之间的关系，我们已经在其他问题中作过讨论，关于什么是劳动关系我们也通过法律规定进行了分析。如果单位不认可劳动关系，同时在申请工伤认定的时候社会保险行政部门也不认可劳动关系，那么职工就需要通过劳动仲裁程序认定劳动关系。职工可以对照我们之前的问题来考虑是否存在认定劳动关系的可能性，然后准备相关证据为劳动仲裁做好准备。

职工可以选择单位所在地申请劳动仲裁，也可以在实际工作地申请劳动仲裁，受理劳动仲裁案件的机构为所在区县的劳动争议仲裁委员会，有时也被称为劳动人事争议仲裁委员会，或者劳动争议仲裁院。劳动仲裁案件可以由职工本人或家属直接申请，也可以委托律师代为申请，无论是否委托律师，我们都建议职工本人或者家属在申请劳动仲裁前向律师等专业人士咨询。一旦进入仲裁程序，就意味着整个工伤认定流程会被长期拖延，有必要在申请劳动仲裁前做好全部规划，确保每个流程都能尽量缩短时间并且减少任何意外情况的出现，对可能发生的各种结果做好预案，切忌“走一步看一步”的策略。

通常劳动争议仲裁委员会都会有法律援助的提示信息，法律援助是指在一些诉讼或仲裁案件中当事人因经济困难无力支付律师费时，由政府或社会组织出资，免费提供代理律师的制度。法律援助不限于工伤案件或劳动案件中，但工伤职工对法律援助的需要往往更为迫切。对于遭受工伤事故后仍需要进行劳动仲裁的职工而言烦冗的司法程序着实算得上是一个巨大的负担，但这些职工不应轻易放弃或抱着“死马当活马医”的放任态度，如果存在经济压力可以考虑聘请法律援助律师。

这里再次强调，通过劳动仲裁程序进行劳动关系认定并不是工伤认定过程中的必然流程。如果职工与单位就劳动关系没有争议，或者职工在申请工伤认定过程中可以充分举证证明与单位存在劳动关系，职工就可以直接进行工伤认定。

《中华人民共和国劳动争议调解仲裁法》第二条规定：“中华人民共和国境内的用人单位与劳动者发生的下列劳动争议，适用本法：（一）因确认劳动关系发生的争议……”

《劳动人事争议仲裁办案规则》第二十九条：“申请人申请仲裁应当提交书面仲裁申请，并按照被申请人人数提交副本。仲裁申请书应当载明下列事项：（一）劳动者的姓名、性别、出生日期、身份证件号码、住所、通讯地址和联系电话，用人单位的名称、住所、通讯地址、联系电话和法定代表人或者主要负责人的姓名、职务；（二）仲裁请求和所根据的事实、理由；（三）证据和证据来源，证人姓名和住所。”书写仲裁申请确有困难的，可以口头申请，由仲裁委员会记入笔录，经申请人签名、盖章或者捺印确认。对于仲裁申请书不规范或者材料不齐备的，仲裁委员会应当当场或者在五日内一并告知申请人需要补正的全部材料。仲裁委员收取当事人提交的材料应当出具收件回执。

44 单位不支付工伤保险待遇怎么办？

劳动仲裁认定了劳动关系，社会保险行政部门也认定工伤，工伤保险基金也发放了工伤待遇，那么职工还需要把单位应当承担的那份工伤赔偿拿到手。单位需要支付工伤保险待遇有两种情况:《工伤保险条例》规定应当由单位承担的工伤待遇；单位没有依法缴纳工伤保险时所有待遇都需要由单位承担。

这里我们介绍一下工伤先行支付制度。工伤先行支付制度是职工所在用人单位未依法缴纳工伤保险费，发生工伤事故的，应当由用人单位支付工伤保险待遇但用人单位不支付的，从工伤保险基金中先行支付的一种保障制度。在特定条件下工伤职工可以向工伤保险基金申请先行赔付，提前获得工伤待遇。《社会保险法》第四十一条规定："职工所在用人单位未依法缴纳工伤保险费，发生工伤事故的，由用人单位支付工伤保险待遇。用人单位不支付的，从工伤保险基金中先行支付。从工伤保险基金中先行支付的工伤保险待遇应当由用人单位偿还。用人单位不偿还的，社会保险经办机构可以依照本法第六十三条的规定追偿。"《社会保险基金先行支付暂行办法》第六条第二款规定："职工被认定为工伤后，有下列情形之一的，职工或者其近亲属可以持工伤认定决定书和有关材料向社会保险经办机构书面申请先行支付工伤保险待遇:（一）用人单位被依法吊销营业执照或者撤销登记、备案的;（二）用人单位拒绝支付全部或者部分费用的;（三）依法经仲裁、诉讼后仍不能获得工伤保险待遇，法院出具中止执行文书的;（四）职工认为用人单位不支付的其他情形。"

如果不符合工伤先行支付条件，职工也可以通过劳动仲裁程序主张自身权利。主张工伤保险待遇的劳动仲裁案件和要求认定劳动关系的案件流程基本一致，相同的部分我们不再重复。职工依据工伤认定结论和相关鉴定结论基本可以核算出每项工伤保险待遇的金额，如果对金额把握不准确，建议职工一方按照数额较多的方案进行主张。如果主张的各项赔偿、补偿高于法定金额，职工可以在仲裁过程自行减少请求或者让仲裁委员会直接在裁决中处理。如果仲裁过程中发现有某项金额主张少了或者遗漏了某项工伤待遇，职工再要求增加会造成程序的拖延甚至被要求另行申请一次劳动仲裁，当然劳动仲裁委员会不会在职工没有主张的情况下裁决任何工伤待遇，或者简单来讲，劳动仲裁的结果只可能比工伤职工申请的金额少。

45 仲裁结束就可以获得工伤赔偿了吗?

如果有读者阅读了之前的所有问题，就会发现有些工伤赔偿非常快捷，但有些又非常复杂。如果工伤情况清晰，单位愿意积极申请工伤认定也愿意积极赔偿，当然可以很快解决，但就有些案件而言，在工伤认定的每个步骤中都有可能面对障碍。在工伤认定申请前有可能需要通过劳动仲裁或者诉讼先确定劳动关系；工伤认定结果做出后如果有一方不服的，需要通过行政复议或者行政诉讼解决；工伤认定后还需要进行伤残鉴定，鉴定结果不服还需要再次鉴定；单位不积极支付自身的工伤保险待遇时又要去申请劳动仲裁。那劳动仲裁结束后就能拿到赔偿了吗？很遗憾，恐怕还会有其他法律程序需要职工去完成。

我国施行劳动争议案件“一调一裁两审”制度，即发生劳动争议后，当事人除先进行协商外，可以申请劳动调解，调解不成，或者不愿意调解的，当事人可以向劳动争议仲裁委员会申请仲裁；对仲裁裁决不服的，单位和职工任何一方都可以向人民法院提起诉讼，其诉讼程序按照民事诉讼法的规定，实行两审终审制。“一调一裁两审”的制度将仲裁作为诉讼的一个前置程序。不经仲裁，当事人不能直接向人民法院提起诉讼。工伤争议属于劳动争议的一种，所以也需要按照“一调一裁两审”的流程确定工伤赔偿金额。大多数劳动案件在仲裁裁决后有一方不服时都可以向人民法院起诉，除非是“一裁终局”案件在劳动仲裁裁决做出后单位一方不得上诉。这种“一裁终局”的情况只能出现在小额劳动争议案件中，对职工的保护比较有限。

如果职工或单位对仲裁结果不服，需要在领取劳动争议仲裁裁决书后十五日内就劳动争议案件起诉至法院。诉讼程序中管辖的法院和仲裁案件采取同样的原则，也就是说可以到单位所在地的法院起诉也可以到实际工作地的法院起诉。这里需要提示一点，有些情况下会因为各种各样的原因导致劳动仲裁对职工的请求不予受理。这时不必担心，劳动仲裁委员会出具不予受理决定书就可以认为已经经过了劳动仲裁程序，职工可以直接向人民法院起诉，也许还能节省一些时间早日获得工伤赔偿。

无论是劳动争议仲裁裁决书还是诉讼案件中的判决书生效后，职工的权益在法律上就固定了下来，距离获得工伤赔偿只剩最后一步——执行。在面对生效裁决、判决书时，如果单位还不能主动支付工伤赔偿，职工就可以向人民法院申请执行。

如果双方都没有就劳动仲裁结果起诉至法院，仲裁裁决书生效。职工可以找仲裁员开具裁决书的生效证明（或者是送达证明），然后到法院申请强制执行。如果通过诉讼程序获得了生效判决书（包括双方都没有上诉的一审判决书），就以生效判决书到人民法院申请强制执行。法院一般会要求职工提供被执行单位的财产线索，包括房产、车辆、银行账户等信息，随着我国执行制度的不断完善和执行力度的强化，有些财产线索也可以由法院查询。如果刚好查到银行账上有钱的话，人民法院就可以通过执行程序将钱划走并发放给申请人，但如果最终单位没有可供执行的财产，执行程序可能会终结，不过如果职工能够发现单位新的财产线索，法院可以恢复执行程序。职工也可以再考虑用工伤先行支付制度获得赔偿。

➲法条链接 **《劳动争议调解仲裁法》**：

第四十七条 下列劳动争议，除本法另有规定的外，仲裁裁决为终局裁决，裁决书自作出之日起发生法律效力：

（一）追索劳动报酬、工伤医疗费、经济补偿或者赔偿金，不超过当地月最低工资标准十二个月金额的争议；

……

46 签了工伤赔偿协议还能反悔吗？

在我国法律框架下，民事纠纷普遍都被鼓励通过调解、和解的方式进行解决，但工伤案件有时并不是单纯属于职工和单位之间的权利纷争，而且涉及人身伤害的赔偿问题，所以通过调解、和解而形成的赔偿协议有较大可能被推翻。发生工伤事故后职工与单位可协商解决，包括在工伤认定后、劳动仲裁审理的过程中、民事诉讼审理过程中，乃至强制执行过程中都可以进行和解、调解。我们这里所说的调解是指在人民法院、劳动仲裁委员会或其他法定调解机构主持下达成的赔偿协议；和解指由单位与职工自行签署的赔偿协议。赔偿协议效力的强弱我们分以下情况进行讨论，赔偿协议的效力越强则后续因各种原因被诉讼、仲裁程序推翻的可能性就越小；反之赔偿协议的效力越弱我们就认为其越有可能被否决，并导致单位一方需要重新核定赔偿数额。

工伤处理程序进行得越充分，赔偿协议的效力就越强。在工伤事故发生后，单位有时会因各种原因不愿进行工伤认定申请，也不希望职工个人进行工伤申请。这是导致工伤“私了”的主要原因，也是风险最高的一种情况。及时提出工伤认定申请是单位的法定义务，单位隐瞒工伤事故的发生是对工伤保险制度的破坏，在此前提下签署的赔偿协议包含违法意图，其效力很弱，甚至在我国的部分省份明确规定没有进行工伤认定的案件中单位与职工签订的赔偿协议是无效的。相应地，工伤鉴定完成后赔偿协议的效力会更高。通过工伤鉴定，劳动功能障碍程度和生活自理障碍程度的等级都已经确定，包括其他各项需要鉴定的结论都已明确的情况下，职工应当获得的赔偿金额可以根据法律规定进行有效的估算甚至是明确计算。此时赔偿协议的内容更能体现职工的真实意愿，职工要求撤销赔偿协议的要求也就更难获得支持。

赔偿协议的金额与职工有权获得的赔偿金额越接近，协议的效力越强。通常双方对于赔偿金额都比较清楚，不存在较大分歧并且希望工伤事件尽快解决时才会按照工伤保险金额签署协议。协议的内容完全符合单位与职工的目标也与工伤保险制度下的保险待遇相符，即使存在各种程序上的瑕疵也没有撤销的必要。如果单位与职工以此类协商情况签署赔偿协议，建议在协议中用总体赔偿金额一并解决所有工伤待遇或者就每个赔偿项目准确计算，切勿出现某项算多或算少的情况。因为即使总金额相符单项金额出现较大差距时也可能影响效力，最终可能出现多支付金额的项目以单位自愿多付认定，少支付的项目仍需要单位补足。

职工对法定赔偿金额的认识越充分，协议的效力越强。虽然协议金额与法定金额约接近协议的效力越强，但是并不能单纯从相差金额或差距比例来看待赔偿协议的效力。我们仍然需要考虑其他因素，比如职工在签订协议时明知自己有权获得的金额是多少，但是考虑到完成全部程序的时间过长或者自己不愿投入精力争取足额赔偿而让渡了一些赔偿金额。这种情况下即使赔偿金额的差距稍大，协议被撤销的可能性也不大。反之，如果职工文化程度比较低、欠缺法律知识，而单位又以各种理由哄骗职工导致职工对法定赔偿的金额产生误解，这时就要严格限制赔偿金额的差距以维护职工权益。

人民法院和仲裁机构主持下的调解协议效力优于“私了”协议。人民法院和仲裁机构在主持工伤案件的调解时会更加谨慎，把各种可能存在的赔偿项目均加以考虑并排除胁迫、欺诈、重大误解和显失公平的情况。调解书并非完全不能撤销，但需要经过更严格的法律程序，撤销的条件也更加苛刻。

赔偿协议签订后工伤职工的伤情加重，重新进行劳动能力鉴定的结果更加严重时，单位需要在原有赔偿协议基础上增加赔偿金额。重新鉴定的结果属于新情况，即使原本的赔偿金额是通过人民法院的生效判决确认的，也需要重新核算。

当然，我们之前讨论的情况和现实中出现的绝大多数情况都是指职工方反悔要求撤销赔偿协议。就单位一方而言，即使协议赔偿金额高于法定赔偿金额，高出的部分也往往被认为是单位的额外福利而很难被追回。

47 不能认定工伤应当如何获得赔偿？

不能认定工伤可能有几种情况，包括超出工伤鉴定时间导致最终没能认定工伤；双方劳动关系不能确认导致没有认定工伤；伤害事故本身不符合工伤认定条件。

实践中，对于超过工伤认定时限的劳动者的司法救济通常有两种：一种是以普通侵权案件处理；另一种是按照工伤待遇的金额为准由企业承担赔偿责任。有判例认为虽然没有经过法定程序认定工伤，但是单位认可伤害事故的情况符合工伤认定条件的，单位应当承担赔偿责任；单位对于工伤认定机会的丧失存在过错的，单位需要承担赔偿责任。之前我们曾经讨论过，单位原因造成申请工伤认定的时间延误的，职工或者职工家属仍然有权申请工伤认定，单位延误的时间可以予以扣除。单位造成工伤认定延误时，职工或者家属实际面对两种选择，一种是把延误的时间归责于单位并继续申请工伤认定；另一种是通过诉讼或劳动仲裁程序要求单位向职工直接进行赔偿。职工可以根据当地政策情况决定。

2008 年，江苏省南京市中级人民法院和南京市劳动争议仲裁委员会印发的《关于劳动争议案件仲裁与审判若干问题的指导意见》第二十条规定，劳动者超过工伤认定申请期限，无法获得工伤认定的，仍可以以普通民事案件向用人单位提出赔偿请求。如果用人单位能够证明造成工伤认定机会的丧失其没有过错的，用人单位可以不承担赔偿责任。2012 年 6 月 21 日，广东省高级人民法院、广东省劳动人事争议仲裁委员会《关于审理劳动人事争议案件若干问题的座谈会纪要》第四条谈到，用人单位未为劳动者建立工伤保险关系，且用人单位以及受到事故伤害或者被诊断、鉴定为职业病的劳动者或者其近亲属、工会组织均未在法定期间申请工伤认定，以致社会保险行政部门不受理工伤认定申请，劳动者或者其近亲属请求用人单位支付工伤保险待遇的，劳动人事仲裁机构或人民法院应驳回劳动者或者其近亲属的申请或起诉，并告知其可另行主张人身损害赔偿，但用人单位对构成工伤无异议的除外。2009年《深圳市中级人民法院关于审理工伤保险待遇纠纷案件相关法律适用问题的指导意见（试行）》第九条规定，工伤认定属劳动保障行政部门职权，当事人对认定不服可以申请行政复议、提起行政诉讼，人民法院在审理劳动争议案件中不直接作工伤认定。劳动者请求工伤待遇，未提供劳动保障行政部门作出的工伤认定的，人民法院裁定驳回其起诉。但用人单位没有为劳动者缴纳工伤保险费，且具备下列情形之一的，人民法院应予受理，并就用人单位是否承担工伤赔偿责任进行审理：（一）劳动者有证据证明其受伤属于工伤的；（二）用人单位对构成工伤没有异议的；（三）非法用工单位与非法用工中的死亡人员就赔偿问题发生争议的。2012年湖南省高级人民法院《关于审理劳动争议案件若干问题的指导意见》第二十四条提到，劳动者以用人单位未为其办理工伤保险为由，请求赔偿其相应损失，未进行工伤认定的，不予支持。但用人单位对构成工伤不持异议或者对未进行工伤认定具有过错的，可予支持。

不能认定劳动关系时会对工伤认定构成比较大的障碍，虽然我们之前讨论过某些情况下可以不以劳动关系为基础申请工伤认定，但大多数情况下我们需要寻找其他获得赔偿的方式。在用工过程中如果没有劳动关系，那么一定有其他法律关系，比如劳务关系或者雇佣关系。《中华人民共和国侵权责任法》（以下简称《侵权责任法》）第三十五条规定：提供劳务一方因劳务自己受到损害的，根据双方各自的过错承担相应的责任。

不能认定劳动关系还有可能是因非法用工造成。非法用工单位伤亡人员，是指无营业执照或者未经依法登记、备案的单位以及被依法吊销营业执照或者撤销登记、备案的单位受到事故伤害或者患职业病的职工，或者用人单位使用童工造成的伤残、死亡童工。非法用工导致的伤害赔偿责任由单位承担，赔偿额度与工伤保险待遇相似，具体计算方法以《非法用工单位伤亡人员一次性赔偿办法》为准。

职工与单位存在劳动关系在申请工伤认定且没有延误的情况下仍然不能构成工伤的，甚至职工或者单位就不予认定工伤的决定申请行政复议或者提起诉讼后仍然没有认定工伤时，职工还可以考虑通过侵权诉讼维护自身权利。如果职工认为是上下班路上发生的交通事故，但是因为时间或路线等各种原因没有认定为“上下班”，那么就考虑通过追究交通肇事者的责任弥补损失；工作时间遭受暴力侵害，但是因为暴力侵害的原因与工作无关不能认定工伤，受伤害的职工还可以要求侵权人赔偿。

总之，大多数伤害事故都具有一般侵权案件的形态，可以考虑依据《侵权责任法》等法律法规获得赔偿。

48 工伤待遇和侵权赔偿能双重获赔吗？

既然工伤职工可以通过侵权纠纷诉讼的方式获得侵权人的赔偿，那么工伤待遇和侵权赔偿的关系是怎样的，工伤职工可以获得双份的赔偿还是只能获赔一次呢？

最高人民法院《关于审理工伤保险行政案件若干问题的规定》第八条第三款规定，职工因第三人的原因导致工伤，社会保险经办机构以职工或者其近亲属已经对第三人提起民事诉讼为由，拒绝支付工伤保险待遇的，人民法院不予支持，但第三人已经支付的医疗费除外。该规定对医疗费不重复支付作出了规定。《最高人民法院关于因第三人造成工伤的职工或其近亲属在获得民事赔偿后是否还可以获得工伤保险补偿问题的答复》规定，因第三人造成工伤的职工或其近亲属，从第三人处获得民事赔偿后，可以向工伤保险机构申请工伤保险待遇补偿。《第八次全国法院民事商事审判工作会议（民事部分）纪要》第三条第（二）款第九项规定，被侵权人有权获得工伤保险待遇或者其他保险待遇的，侵权人的侵权责任不因受害人获得社会保险而减轻或者免除；第十项规定，用人单位未依法缴纳工伤保险费，劳动者因第三人侵权造成人身损害并构成工伤，侵权人已经赔偿的，劳动者有权请求用人单位支付除医疗费之外的工伤保险待遇。从上述规定可以解读出，工伤保险待遇和民事侵权赔偿不能相互替代。工伤保险基金不能因为职工或者职工亲属已经获得侵权赔偿而拒绝支付，同样职工拿到工伤保险待遇后也仍有权继续追究侵权者的责任。像医疗费这种以职工实际付出为前提的以填补职工实际损失为目的的款项，职工只能获赔一次。处理医疗费类的赔偿时通常要求职工提供票据，也就是说职工无论从哪种渠道获得医疗费赔偿，都应该把票据原件提供给对方。票据原件只能使用一次，在没有票据原件的情况下很难获得赔偿。

49 工伤待遇和商业保险能双重获赔吗?

【案例 1-6】 单位为职工购买了意外伤害保险，可以不再缴纳工伤保险吗?

案情介绍　2012 年 8 月 22 日，被告 S 公司作为投保人，为包括安某在内的48名船员向中国人民财产保险股份有限公司深圳市分公司（以下简称人保公司）投保团体意外伤害保险，保障项目为额外身故、残疾、烧伤给付，每人保险金额为60万元，保险期间为2012年8月23日至2013年8月22日。S公司于投保当日缴纳了保费。

2012年9月，安某等14名船员被派遣至“中洋26”轮上进行远海捕鱼作业。2013年8月5日17：30，“中洋26”轮在法属波利尼西亚南方群岛拉帕岛附近海域遇险侧翻。2014年1月16日，安某被河南省栾川县人民法院宣告死亡。人保公司向原告安某的父亲和母亲安民某和兰某实际支付了安某身故赔偿金60万元。

2015年3月16日，深圳市人力资源和社会保障局认定安某遭受事故伤害情形属于工伤，依法应当享受工伤保险待遇。安民某和兰某作为安某的法定继承人，请求判令S公司支付拖欠安某的工资及奖金，以及丧葬补助金、供养亲属抚恤金、一次性工亡补助金等工伤保险待遇。被告S公司辩称S公司没有为安某办理工伤保险，责任不在S公司，而且安某生前与S公司约定以商业保险替代工伤保险。原告安民某和兰某已经拿到商业保险金60万元，无权再主张工伤保险赔偿金。

广州海事法院一审认为，S公司虽然为安某购买了意外伤害商业保险，并与安某在聘用合同中约定在聘用期内如因工伤亡，按有关意外保险条款执行，但依法缴纳工伤保险是用人单位的法定义务，该项义务不能通过当事人协商予以免除。安民某和兰某以意外伤害保险单受益人身份取得商业保险赔偿金后，仍有权主张工伤保险赔偿。S公司关于安民某和兰某已取得60万元商业保险金即无权再主张工伤保险赔偿金的抗辩不能成立。

S公司不服一审判决，向广东省高级人民法院提起上诉称：因船员流动性强，用人单位无法也不能为船员购买工伤保险，为保护船员利益，S公司和船员安某在劳动合同中约定由S公司为其购买商业保险，并约定船员获得商业保险赔偿后不得再向S公司主张工伤保险赔付。安民某和兰某已经获得了60万元的商业保险赔付，一审法院再支持其向S公司提出的工伤保险赔付，实质上支持了二者的不诚信行为，违反公平原则，应予改判。

广东省高级人民法院二审认为，在上诉人S公司未为安某缴纳工伤保险费的情况下，S公司应向安某的父母被上诉人安民某和兰某支付工伤保险待遇。S公司为安某购买的商业性意外伤害保险，性质上是S公司为安某提供的一种福利待遇，不能免除S公司作为用人单位负有的法定的缴纳工伤保险费的义务或支付工伤保险待遇的义务。此外，法律及司法解释并不禁止受工伤的职工或其家属获得双重赔偿。《最高人民法院关于审理工伤保险行政案件若干问题的规定》第八条第一款规定："职工因第三人的原因受到伤害，社会保险行政部门以职工或者其近亲属已经对第三人提起民事诉讼或者获得民事赔偿为由，作出不予受理工伤认定申请或者不予认定工伤决定的，人民法院不予支持"。第三款规定："职工因第三人的原因导致工伤，社会保险经办机构以职工或者其近亲属已经对第三人提起民事诉讼为由，拒绝支付工伤保险待遇的，人民法院不予支持，但第三人已经支付的医疗费用除外。"由此可见，上述规定并不禁止受工伤的职工同时获得民事赔偿和工伤保险待遇赔偿。上诉人S公司称被上诉人安民某和兰某同时获得保险金和工伤保险待遇属一事二赔、违反公平原则，没有法律依据，不予支持。一审法院判决S公司向安民某和兰某支付工伤保险待遇正确，予以维持。

➲ **评析** 工伤保险与商业保险的双重获赔问题可以和工伤保险与

侵权赔偿双重获赔的问题比较，赔偿项目都可以分成两类：一类是对人身的赔偿（以死亡赔偿金为典型），这部分赔偿没有上限，因为人的生命和健康是无价的，不能认为达到多少额度时受害者的损失就全部被补偿完毕，所以工伤保险、商业保险和侵权赔偿等赔偿项目是可以双重甚至多重获赔的，如果职工本人购买了多份商业保险，每份商业保险也都可以获赔；另一类是对实际损失的补偿（以医药费为典型），这部分损失的额度是可以明确计算甚至由票据等证据证明，如果职工从一条渠道获得了全额的补偿就不可能再由其他渠道获得赔付。

明明买了保险结果还需要承担赔偿责任，那么本案中单位是不是比较冤枉？首先，缴纳工伤保险是单位的法定义务，法定义务不能由单位与职工自由协商免除，单位不仅必须要缴纳工伤保险而且还必须要足额缴纳。单位违反法律规定不缴纳工伤保险的行为是对社会保险制度的破坏，法律肯定不会鼓励这样的行为。单位为职工购买商业保险属于一项职工福利，较好的福利制度可以保证职工的稳定，激励职工更加努力工作，所以单位可以在商业保险中获得一定的利益，不能认为是浪费。

如果单位希望减少或者避免在工伤事故中遭受经济损失，购买商业保险时可以考虑雇主责任险。雇主责任险是指由单位购买，因单位职工遭受伤害事故并且向单位索赔时由保险公司“代替”单位向职工赔偿的保险产品。简单来说，雇主责任险承保的对象是单位的赔偿责任。因雇主责任险属于商业保险，具体的理赔范围和理赔金额需要由单位和保险公司协商确定，有些保险产品要求单位必须要给职工购买工伤保险，并且只承担工伤保险以外的单位责任部分，还有些产品只能承保雇佣关系中的雇员伤害责任，而不能承保劳动关系中的劳动者伤害责任（或者相反）。所以单位在选择雇主责任险时需要根据自身需要确定保险产品和保险条款。

50 工伤职工能否请求精神损害赔偿？

在工伤制度中并没有关于精神损害赔偿的内容，也就是说工伤职工在工伤保险赔偿范围内可以享受的权益以工伤保险待遇确定。精神损害赔偿是指自然人因其人身权受到不法侵害，使其人格权益和身份利益受到损害或遭受精神痛苦，受害人本人或死者近亲属要求侵权人通过财产赔偿等方法进行救济和保护的民事法律制度。在工伤事故中，对工伤事故损害赔偿案件不能主张精神损害抚慰金，应按照《工伤保险条例》的相关规定享受相应的工伤保险待遇。

工伤保险赔偿是用人单位为其职工建立工伤保险关系，依法缴纳社会保险，一旦发生工伤事故则由工伤保险基金对工伤职工予以赔偿，用人单位承担应当负责的保险待遇，不再承担工伤事故的民事赔偿责任。

但是工伤保险事故可能是因侵权行为引起的，就像我们之前谈到的有些情况下职工可以同时主张工伤保险赔偿和侵权责任赔偿，这种侵权责任就可能包括精神损害抚慰金，所以工伤职工仍有通过其他渠道获得精神损害赔偿的可能。

第二章　社会保险

第一节　社会保险缴纳

51 什么是五险一金？

“五险一金”中的“五险”是指养老保险、失业保险、工伤保险、生育保险和医疗保险；“一金”是指住房公积金。“五险”的每个险种各司其职，分别对职工因年老、失业、工伤、生育、患病而减少劳动收入时给予经济补偿等待遇，从而使职工在困难时依然具有基本的生活保障。

养老保险要求职工累计缴纳养老保险 15 年以上，并达到法定退休年龄的，可以按月领取养老金。

医疗保险制度可以让职工在患病时只需支付部分医疗费用，其余费用由医疗保险基金支付。

失业保险制度下，职工缴纳失业保险一年以上的，可以在失业非自愿期间领取失业金。

工伤保险制度是指职工因工作原因受到事故伤害或者患职业病的，可以领取补助金、伤残津贴等工伤待遇。

生育保险制度下，职工在生育时可以报销一部分生育医疗费用，并在产假期间领取生育津贴。

住房公积金制度，是我国提高职工居住水平的住房保障制度。依据《住房公积金管理条例》第三条关于“职工个人缴存的住房公积金和职工所在单位为职工缴存的住房公积金，属于职工个人所有”的规定，缴存住房公积金的职工，其单位每月将按相同比例和金额进行匹配缴存，两部分资金均属职工个人所有。

社会保险由企业和职工共同缴纳，缴纳的基数为职工的上一年度平均工资(最低数为上一年全市职工平均工资的60%；最高数为上一年全市职工平均工资的300%)，缴纳的比例根据所在省、市不同而有所不同。

我们以北京为例，如果职工的名义工资是10000元，则每月单位需要缴纳19%的养老保险金1900元；缴纳10%的医疗保险金1000元；缴纳0.8%的失业保险金80元；缴纳0.4%的工伤保险金40元；缴纳0.8%的生育保险金80元；缴纳12%的住房公积金1200元，共计4300元。对于单位来说实际工资成本为14300元。职工个人每月需要缴纳8%的养老保险800元；缴纳2%的医疗保险金200元；缴纳0.2%的失业保险金20元；缴纳12%的住房公积金1200元；职工个人不缴纳工伤保险金和生育保险金。职工个人需要缴纳2220元。全国各地的社会保险费用缴纳比例与北京存在一定程度的浮动，但大体相当，北京还建立了大额医疗费用互助制度，大额医疗费用互助资金由用人单位和个人共同缴纳。用人单位按全部职工缴费工资基数之和的1%缴纳，职工和退休人员个人按每月 3 元缴纳。

个人应当缴纳的各项社会保险费用和个人所得税由单位代扣代缴，每月工资发放时已经是扣除上述金额后的数额，职工最终能拿到工资 7600 余元。可见，“税前工资”和“税后工资”的说法只是一种生活中的通俗称谓，“税前工资”是指扣除个人所得税和各项社会保险费用前的工资，可以叫作“应发工资”，相对的“税后工资”可以叫作“实发工资”。

社会上有些单位会提供“五险二金”的福利待遇，那么多出来的“一金”是什么呢？如果企业在招聘宣传中提及“五险二金”的待遇，通常是指在“五险一金”之外，提供企业年金。企业年金是一种补充养老保险制度，国家鼓励有条件的企业参与企业年金制度建设，但并不强制。

52 最低工资标准包括五险一金吗？

在劳动关系中，职工的工资标准由单位和职工自由约定，但不能低于当地的最低工资标准。最低工资标准是指劳动者在法定工作时间或依法签订的劳动合同约定的工作时间内提供正常劳动的前提下，用人单位依法应支付的最低劳动报酬。正常劳动是指劳动者在法定工作时间或者依法签订的劳动合同约定的工作时间内从事的劳动。劳动者依法享受带薪年休假、探亲假、婚丧假、生育假、节育手术假等国家规定的假期期间，以及法定工作时间内依法参加社会活动期间，视为提供了正常劳动。核算最低工资标准需要考虑一些扣除项，也就是说在扣除一些工资福利待遇后单位每月支付的工资仍然不能低于最低工资标准，这些项目包括：（一）延长工作时间工资，也就是加班费；（二）

中班、夜班、高温、低温、井下、有毒有害等特殊工作环境、条件下的津贴；（三）法律、法规和国家规定的劳动者福利待遇等。换言之，最低工资标准不包含上述费用，劳动者的法定福利待遇包括单位应当负担的五险一金，所以单位缴纳的五险一金不能计入职工的个人工资，更不能计入最低工资。那最低工资是否包括劳动者个人缴纳的社会保险费和住房公积金？

职工个人缴纳的社会保险费包括三险，即养老保险、医疗保险和失业保险，再加上公积金，应当认为职工需要负担的费用有三险一金。既然我们讲最低工资，那么金额已经非常少，一般在2000元左右甚至1000余元，这三险一金是否计入最低工资标准对于职工的个人权益有很大影响。从全国来看，最低工资是否包括三险一金有很大差别，有些地区的最低工资标准是指职工每月的实发工资不能低于最低工资标准，无论社会保险缴纳的金额有多少，比如北京、上海和安徽三地的最低工资不包含劳动者个人应缴纳的各项社会保险费和住房公积金。有些地区则规定最低工资包含三险一金，职工每月拿到手的工资再加上个人应缴纳的各项社会保险费和住房公积金不低于最低工资标准，例如重庆、四川、山东，这将导致一部分职工的实发工资少于最低工资标准。

53 试用期需要缴纳社会保险吗？

需要。试用期并非是双方建立劳动关系之前的一段时间，而是劳动关系的一部分。在试用期内职工享有的劳动法权益和试用期满转正后的劳动法权益没有本质区别，试用期存在的主要意义是赋予企业一项解除劳动合同的理由。既然试用期解除是一项解除劳动合同的理由，反过来说试用期属于劳动合同履行期间。

凡是建立劳动关系的职工都需要依法缴纳社会保险，单位迟延为试用期职工缴纳保险可能面临一定的法律风险，比如一旦职工以此为由提出辞职，公司就要支付经济补偿金。考虑到试用期不超过 6 个月，在此时如果职工提出解除劳动合同，单位支付经济补偿金的金额为半个月或一个月的工资。虽然看起来金额不高，但不排除有些职工会在转正一段时间后“找后账”，以试用期内没有缴纳社会保险提出离职，以争取更高的经济补偿金。试用期内如果职工发生工伤，单位又没有缴纳社会保险会导致工伤保险责任转嫁到企业身上，由企业承担职工所有的工伤待遇和赔偿，如医疗费、误工费、营养费、伤残赔偿等一系列的赔偿。我们注意到在实践中，往往是这部分刚入职的试用期职工因为操作技能不熟练、训练水平不高更容易发生工伤。单位没有为试用期职工缴纳社会保险还需要面临补缴时的滞纳金甚至是社会保障执行部门的处罚。

54 农民工需要缴纳社会保险吗？

需要。劳动关系中不以户籍区分利益，无论职工是城镇户口或农业户口，建立劳动关系后的权利义务都是一致的，单位都需要为其缴纳社会保险。社会上有些人认为农民工不需要缴纳社会保险是一种误会。有不少农民工不愿意缴纳社会保险，一部分人是不关注社会保险问题，在企业不缴纳社会保险时不去向企业主张，更不会到社会保险新政机构寻求解决；另一部分人会主动向企业要求不给自己缴纳社会保险，理由无外乎是希望自己的实得工资能高一些。

以上问题之所以集中在农民工身上，还有一部分原因在于农民工的流动性相对比较大，需要频繁更换工作单位甚至工作的城市。从企业角度来看如果农民工的流动过快，频繁进行社会保险开户销户会带来很多工作负担。从农民工本人的角度来看，在这家单位上了社会保险，到下一家还不一定给缴社会保险，而且还要考虑农忙时节可能需要一段时间从事农业劳作，这样社会保险断缴的可能性就非常大。如果换工作的同时需要更换城市，那么社会保险的转移接续问题也比较突出。

虽然有许多现实障碍，但我们不能否认依法缴纳社会保险的重要性。依法依规缴纳社会保险不仅保护劳动者的利益，也是每个劳动者和用人单位应尽的义务。对于农民工而言，从短期来看，工伤保险和医疗保险会确保在工伤和患病时获得充分的医疗保障（城镇职工的医疗保险比新农合、城镇居民医疗保险的保障力度大很多），从远期来看退休后即使没有缴满 15 年养老保险，所交的费用也不会被浪费，仍有保障晚年经济来源的巨大作用。我国社会保险的统筹层次会不断提高，转移接续的办法也会越来越便利，以上所列的一些问题在未来很有可能被一一解决，已经缴纳过社会保险的人会获得更多优势，而没有缴纳的人就只能获得最低层次的保障。

55 外国人需要缴纳社会保险吗？

需要。依据《在中国境内就业的外国人参加社会保险暂行办法》第三条规定，在中国境内依法注册或者登记的企业、事业单位、社会团体、民办非企业单位、基金会、律师事务所、会计师事务所等组织（以下称用人单位）依法招用的外国人，应当依法参加职工基本养老保险、职工基本医疗保险、工伤保险、失业保险和生育保险，由用人单位和本人按照规定缴纳社会保险费。外国人在中国工作通常需要获得外国人就业证，外国人持有工作签证并且明确了用工单位的前提下，通过单位办理外国人就业证后才能在国内工作。这里的工作指依法签订《劳动合同》，受中华人民共和国劳动法律法规的管理，有权享受劳动法赋予的各项权利，否则就视为"打黑工"，甚至不能认定劳动关系，不能通过劳动争议仲裁维护自身合法权益。当然我们所说的是一般情况，持有《外国专家证》或其他合法就业证件的外国人等符合国家出入境及就业管理规定的情况不能称之为"打黑工"。

56 我国香港、澳门、台湾地区的居民在大陆工作需要缴纳社会保险吗？

需要。我国香港、澳门、台湾地区的居民在大陆缴纳社会保险的情况可以分为"应当"与"可以"两种情况。在企事业单位提供劳动，建立劳动关系的港澳台居民应当缴纳社会保险，个体工商户和灵活就业人员可以选择缴纳社会保险。港澳台居民在离开大陆时可以选择一次性取出个人账户余额（大陆居民通常只有在到达退休年龄时才能取出养老保险中的个人账户余额）。

法条链接 《香港澳门台湾居民在内地（大陆）参加社会保险暂行办法》：

第二条 在内地（大陆）依法注册或者登记的企业、事业单位、社会组织、有雇工的个体经济组织等用人单位（以下统称用人单位）依法聘用、招用的港澳台居民，应当依法参加职工基本养老保险、职工基本医疗保险、工伤保险、失业保险和生育保险，由用人单位和本人按照规定缴纳社会保险费。

在内地（大陆）依法从事个体工商经营的港澳台居民，可以按照注册地有关规定参加职工基本养老保险和职工基本医疗保险；在内地（大陆）灵活就业且办理港澳台居民居住证的港澳台居民，可以按照居住地有关规定参加职工基本养老保险和职工基本医疗保险。

在内地（大陆）居住且办理港澳台居民居住证的未就业港澳台居民，可以在居住地按照规定参加城乡居民基本养老保险和城乡居民基本医疗保险。

在内地（大陆）就读的港澳台大学生，与内地（大陆）大学生执行同等医疗保障政策，按规定参加高等教育机构所在地城乡居民基本医疗保险。

第七条 港澳台居民在达到规定的领取养老金条件前离开内地（大陆）的，其社会保险个人账户予以保留，再次来内地（大陆）就业、居住并继续缴费的，缴费年限累计计算；经本人书面申请终止社会保险关系的，可以将其社会保险个人账户储存额一次性支付给本人。

已获得香港、澳门、台湾居民身份的原内地（大陆）居民，离开内地（大陆）时选择保留社会保险关系的，返回内地（大陆）就业、居住并继续参保时，原缴费年限合并计算；离开内地（大陆）时已经选择终止社会保险关系的，原缴费年限不再合并计算，可以将其社会保险个人账户储存额一次性支付给本人。

57 超过退休年龄还能缴纳社会保险吗？

超过法定退休年龄原则上是不能再缴纳社会保险的，对一些特殊人才在考虑本人和单位意愿的基础上，且经人社部门批准延期退休的，单位方可为其办理超龄继续参保缴费手续。这本质上属于对退休年龄的延长，适用范围比较小。如果没有办理延期退休，那么职工已经到达退休年龄又不能正常办理退休的，可以考虑项目参保的方式参加工伤保险或者继续缴纳养老保险费、一次性补缴养老保险费。

58 单位不缴纳社会保险有哪些风险?

（1）补缴或者补足的风险。严格来说，补缴和补足的问题并不能称之为风险，因为这部分成本原本就是单位应当支付的，只不过支付的时间从每月支付变成了一次性补缴。一次性补缴社会保险费用会给单位的正常经营秩序造成很大的冲击，多数情况下单位欠缴社会保险费用的情况都不只限于某个职工，而是全单位所有职工都存在欠缴问题，经由职工投诉或其他原因被社会保险征缴机构要求限期整改时，将面临巨额的补缴资金压力。如果单位现金流出现问题，甚至会影响企业的生存。社会保险征缴机构对于补缴的社会保险费用可以申请人民法院强制执行，尤其考虑到我国近年来强制执行的手段日益完善、力度不断加大，单位逃避或者拖延补缴的可能性越来越小。《社会保险法》第六十三条规定，“用人单位未按时足额缴纳社会保险费的，由社会保险费征收机构责令其限期缴纳或者补足。用人单位逾期仍未缴纳或者补足社会保险费的，社会保险费征收机构可以向银行和其他金融机构查询其存款账户；并可以申请县级以上有关行政部门作出划拨社会保险费的决定，书面通知其开户银行或者其他金融机构划拨社会保险费。用人单位账户余额少于应当缴纳的社会保险费的，社会保险费征收机构可以要求该用人单位提供担保，签订延期缴费协议。用人单位未足额缴纳社会保险费且未提供担保的，社会保险费征收机构可以申请人民法院扣押、查封、拍卖其价值相当于应当缴纳社会保险费的财产，以拍卖所得抵缴社会保险费。”《社会保险法》第八十四条规定，“用人单位不办理社会保险登记的，由社会保险行政部门责令限期改正；逾期不改正的，对用人单位处应缴社会保险费数额一倍以上三倍以下的罚款，对其直接负责的主管人员和其他直接责任人员处五百元以上三千元以下的罚款。”

社会保险滞纳金的风险。相较于补缴社会保险的费用而言，社会保险滞纳金就属于单位额外的费用负担。在社会保险征缴机构责令单位补缴或者补足欠缴社会保险费用时，通常会同时要求缴纳滞纳金，如果单位在规定的期限内完成社会保险补缴、补足和缴纳滞纳金的行为，可以不算作受到行政处罚。如果没有在期限内予以缴纳滞纳金，单位不仅需要加倍缴纳罚款，而且会留下行政处罚记录。《社会保险法》第十一章第八十六条规定：“用人单位未按时足额缴纳社会保险费的，由社会保险费征收机构责令限期缴纳或者补足，并自欠缴之日起，按日加收万分之五的滞纳金；逾期仍不缴纳的，由有关行政部门处欠缴数额一倍以上三倍以下的罚款。”

（2）赔偿职工损失的风险。在工伤问题的部分我们反复强调，如果单位没有为职工依法缴纳工伤保险，那么单位需要承担工伤职工的全部工伤保险待遇。对于严重工伤，单位甚至有可能支付100万元以上的工伤赔偿。除工伤保险以外，医疗保险、生育保险、失业保险也存在类似的问题。这些保险都赋予了职工在一些情况下获得保险待遇的权利，但是如果单位没有缴纳相关保险而造成职工损失的话，这部分损失将由单位来负担。例如医疗保险，职工在非因公负伤或者生病的情况下所花费的医疗费用在符合基本医疗保险药品目录、诊疗项目、医疗服务设施标准范围内以及急诊、抢救的医疗费用，按照国家规定从基本医疗保险基金中支付。如果单位没有缴纳医疗保险，职工可以将治疗费的单据作为凭证向单位主张医疗费。在处理这类案件时，劳动争议仲裁委员会将向医疗保险部门核实职工各项费用是否符合医保报销条件，凡符合保险条件的费用都可以视为职工一方的损失，裁决由单位承担。养老保险的情况会比较特殊，养老保险与其他保险的不同之处在于养老保险待遇需要待职工退休之后才能享受，在单位没有缴纳养老保险的职工的损失很难具体核算，这类风险恐怕要等到职工退休时才会显现。虽然时间上存在迟延，但最终的损失额度可能会非常巨大。

（3）职工单方面解除合同并要求经济补偿金的风险。职工离职的原因千差万别，但是符合支付补偿金的情况只有法定的几种，而单位没有依法缴纳社会保险费用就是其中一项。这里面我们需要强调的是，职工离职时的真实原因和名义原因可能不同。例如，某职工因为家庭生活原因需要搬离本地，原工作也需要辞掉，然后去新的住址另行寻找其他工作，在正常情况下职工因为个人生活原因提出辞职是不能获得经济补偿金的。职工因举家搬迁导致辞职，这就是所说的真实原因；如果这位职工的单位没有依法缴纳社会保险，就可以在离职时声称是因单位没有缴纳社会保险而被迫离职的，并因此获得经济补偿金，因社会保险欠缴原因辞职就是名义原因。一家单位存在人员的流动是很正常的，职工可能因各种原因离职，但如果这家单位不给职工缴纳社会保险，那这些职工在离职时都可以把理由调整为因单位未缴纳社会保险而被迫离职并主张经济补偿金。劳动仲裁委员会在审理案件的过程中，会审查职工在离职时是否在离职申请中提出了单位没有缴纳社会保险而被迫离职的理由，会审查单位是否依法缴纳了社会保险，只要名义上的原因成立就会支持经济补偿金，单位哪怕明确举证了职工离职的真实原因也无法避免支付经济补偿金。有些省市会区分未缴纳社会保险和未足额缴纳社会保险的区别，单位没有为职工开立社会保险账户符合职工被迫辞职并获得经济补偿金的条件，但如果只是缴纳基础不足则不能要求经济补偿金。单位可以根据所在地的法规政策等情况自行评估这项风险。

（4）人力资源管理不规范的风险。这项风险也不属于严格意义上的法律风险，风险内容主要体现为因不给职工缴纳社会保险而导致社会评价降低，增加招工难度，降低职工的忠诚度，在商业合作中也会面临各种阻碍，有些企业尤其是外资企业在商业往来中会关注合作企业的人力资源管理是否规范，如果存在不依法缴纳社会保险甚至劳动争议案件的情况，会降低这些企业的合作意愿。

59 单位有哪些方法能降低社会保险成本？

单位必须要缴纳社会保险，那有没有什么办法降低社会保险成本呢？社会上流传着一些可以降低社会保险成本的方式，但这些方式总会有缺陷。试想，如果确实存在一种方法可以有效降低企业社会保险费用同时又没有任何其他风险和缺陷，那么这种方法肯定已经被广泛接受和使用了，显然我们并没有看到这样的现象，所以在选用降低社会保险成本的方法时，也需要企业根据自身情况合理选用。降低社会保险成本的方法有很多，我们选取几种典型的情况进行分析。

（1）回避劳动关系。社会保险缴纳以劳动关系为前提，如果单位与职工之间不属于劳动关系，则可以不必缴纳社会保险。例如聘用退休人员和在校学生，已经办理了退休手续的人员不能建立劳动关系，在校大学生在参与勤工俭学性质的实习劳动时也不被认为是劳动关系。

这两类人员可以有效降低单位社会保险成本，但是通常单位也只能在一些特殊岗位上使用这些人，尤其是生产性企业在大部分岗位上都需要具有一定劳动技能的年轻职工。单位还可以考虑使用劳务派遣的方式降低成本，但劳务派遣职工只能使用在临时性、替代性和辅助性的岗位上，与退休人员和大学生一样都存在不能广泛使用的限制。更何况，劳务派遣公司仍然需要为派遣工人缴纳社会保险，这部分成本有可能通过劳务派遣费的形式仍由单位承担。通过劳务承包的形式回避劳动关系也是一种方式，并且有比较广泛的应用，比如把一些单位的工作整体（如食堂，运输）承包出去或者把一些经营性门店整体对外承包。这种方式对企业的管理能力提出了比较高的要求，因为回避了劳动关系导致企业只能对承包方进行管理，而无法管理具体职工。反之，单位如果明明建立了劳务承包的模式，却还要插手具体职工的管理就有可能被认为承包只是掩盖劳动关系的手段，而仍然认为与承包方的职工存在劳动关系。

（2）非全日制用工。根据《关于非全日制用工若干问题的意见》的规定，“用人单位应当按照国家有关规定为建立劳动关系的非全日制劳动者缴纳工伤保险费。从事非全日制工作的劳动者发生工伤，依法享受工伤保险待遇。”除工伤保险外，用人单位不需要为非全日制用工的劳动者缴纳基本养老保险、基本医疗保险、生育保险和失业保险。这样降低社会保险费用的限制不言而喻，但同样只能使用在一些特定岗位，如保洁、厨师等。非全日制用工因每天工作时间不能超过 4 小时，每次支付工资不能超过 15 天，也增加了单位的管理难度。

（3）降低社会保险缴费比例。全国各地的社会保险缴费比例不同，尤其是养老保险这种缴费重头项目对单位的社会保险成本有很大影响。企业可以根据职工的工资水平结合各地缴费比例来核算具体在哪些城市用工更加合理，有条件的企业可以在社会保险缴费比例较低的城市设立分支机构并为职工缴纳社会保险。这种方式的不足是对单位来说有一定的操作难度，除此之外，异地缴纳社会保险也不一定能获得职工的理解，考虑到当前社会保险跨地区转移的流程仍比较复杂，大部分职工还是愿意在自己的长期工作地缴纳社会保险。从合法性上来考虑，企业也不能任意选择社会保险缴纳地，一般只能适用于在当地有一定工作任务的职工。

（4）降低工资数额。这种方法当然不是指给职工少发工资，而是将职工的一部分工资转化为福利而不计入工资总额。这种方法受到《国家统计局<关于工资总额组成的规定>若干具体范围的解释》的限制，只能在有限的补助范围内适用。除此以外，还有单位会使用非法方式降低职工工资，比如将工资分两张银行卡发放，将一部分工资安排到关联公司发放，另一部分从财务或经理个人账户上发放，等等。这些方法并不能真正降低工资总额，只是降低工资总额被查实的可能。一旦发生争议，被掩盖的工资总额会全部被发现，不仅不能降低社会保险成本而且有违法风险，我们并不推荐。

60 职工承诺放弃社会保险又反悔怎么办?

职工向单位承诺放弃缴纳社会保险的权利后又反悔的，通常涉及两方面问题：第一，要求单位补缴欠缴的社会保险；第二，以单位缴纳社会保险存在违法为由解除劳动合同，并且要求单位支付经济补偿金。我们已经反复提到，依法缴纳社会保险是单位和职工的法定义务，不能以单位和职工两方的私下约定而免除。因此第一个问题通常没有争议。关键是第二个问题。有观点支持职工索要经济补偿金，理由在于双方关于不缴纳社会保险的协议本身就是违法的，违法的协议应当认定为无效。那么当职工要求经济补偿金时就和一般的社会保险缴纳违法问题没有分别。反对的观点则认为，职工放弃缴纳社会保险是自己的决定，相应的后果应该自己承担。要求单位支付经济补偿金的主张有违诚信原则，不应该被支持。

我国不同地区对这个问题持不同的观点，北京地区就比较严格，即使劳动者自己要求放弃缴纳社会保险，也不能免除单位的法定职责，如果职工主张解除劳动合同的经济补偿金就会获得支持。浙江省的观点与北京相反，不支持职工索要经济补偿金的请求。还有一种折中观点，可以支持职工反悔，但职工需要先向单位表明想要上社会保险的意愿，不能直接主张经济补偿金。还有个别案例会支持一部分的经济补偿金，因为单位和职工都存在违法的情况，所以就各承担一半。这也是司法实践中一种有益的探索。

➡ 法条链接 **北京市高级人民法院、北京市劳动人事争议仲裁委员会《关于审理劳动争议案件法律适用问题的解答》：**

25. 劳动者要求用人单位不缴纳社会保险，后又以用人单位未缴纳社会保险为由提出解除劳动合同并主张经济补偿的，应否支持？

依法缴纳社会保险是《劳动法》规定的用人单位与劳动者的法定义务，即便是因劳动者要求用人单位不为其缴纳社会保险，劳动者按照《劳动合同法》第三十八条的规定主张经济补偿的，仍应予支持。

《浙江省高级人民法院关于审理劳动争议纠纷案件若干疑难问题的解答》：

十一、劳动者不愿意缴纳社会保险费，并书面承诺放弃参加社会保险的法律后果是什么？

劳动者不愿意缴纳社会保险费，并书面承诺放弃参加社会保险的，该书面承诺无效。劳动者可以此为由解除劳动合同，但要求用人单位支付经济补偿金的，不予支持。

广东省高级人民法院《关于审理劳动人事争议案件若干问题的座谈会纪要》：

25. 用人单位与劳动者约定无须办理社会保险手续或将社会保险费直接支付给劳动者，劳动者事后反悔并明确要求用人单位为其办理社会保险手续及缴纳社会保险费的，如用人单位在合理期限内拒不办理，劳动者以此为由解除劳动合同并请求用人单位支付经济补偿，应予支持。

61 单位把社会保险费用直接发放给职工的情况如何处理?

这个问题与上个问题存在很大关联，都是单位与职工协商不缴纳社会保险，区别在于上一个问题中单位和职工都不缴纳社会保险，各自应当承担的社会保险费用部分都由各自获得，属于“私分公家财产”。这里我们要说的是，单位没有把自己应当承担的社会保险费用放进自己兜里，而是全部或部分发给了职工。这里的单位更加“深明大义”，在这种操作中没有增加自己的利益，把全部违法所得都给了职工。

显然，违法行为终究是违法的，违法的后果和职工放弃社会保险缴纳的后果是一样的，一旦被发现，必须依法予以补缴，支付经济补偿也是根据各地规定执行。但补缴的时候可能就存在问题了，单位已经把社会保险费用发给了职工，补缴的时候是不是还要再出一份钱?

【案例 2-1】单位把社会保险费用直接发给员工，在补缴时可向员

工追回这笔钱吗?

案情介绍 2012年8月28日,M运输公司(甲方)与贾某(乙方)签订《劳动合同书》,约定本合同于2012年8月28日生效,其中试用期至2012年10月27日止。乙方同意根据甲方工作需要,担任送货员岗位工作;甲方安排乙方执行标准工时制度;甲乙双方按国家和北京市的规定参加社会保险。甲方为乙方办理有关社会保险手续,并承担相应社会保险义务。同日,贾某在申请上签字,内容为"本人于2012年8月28日入职M运输公司,担任送货员一职,因自身原因特向公司申请免于缴纳社会养老、失业、医疗保险,时效与《劳动合同书》有效期一致。"原因说明为"户口所在地村委会已缴纳了养老、医疗保险"。当日,双方签订《补充协议书》,约定以下内容:1.自建立劳动关系时起,乙方自愿不参加养老、医疗、失业等保险;2.自建立劳动关系时起,甲方给乙方提供每个月1500元的养老、医疗、失业补助金,每月随工资一同发放;3.本协议有效期同《劳动合同书》有效期一致。2017年11月1日,贾某在终止劳动合同手续单、离职表上签字,前者注明终止合同原因为"个人提出申请离职",后者注明离职原因为"加了店身体受不了"。

后期,公司为职工补缴了社会保险,并通过诉讼程序要求职工返还之前发给他的每个月1500元的养老、医疗、失业补助金。本案经一审、二审、再审审理,法院均支持单位的要求。北京市高级人民法院在(2019)京民申2888号再审裁定中写道:"现有证据能够证明,贾某确系本人表明要求单位不用为其缴纳社会保险。现M运输公司已为贾某补缴劳动关系存续期间的各项保险,故M运输公司已发放给贾某的社会保险补贴,作为不当得利,贾某应予以返还。一、二审法院根据有贾某签字的工资表核算的社会保险补贴总数，具有事实依据。”

案件结果清晰明确，职工有义务返还单位发放的保险补贴，理由在于这部分钱属于职工的不当得利。除此之外，我们还注意到一些问题，单位是先补缴了社会保险，然后才获得了法院的支持。因为缴纳社会保险是单位的法定义务，包括个人部分也应当由单位代扣代缴，及时纠正自己的违法行为可以减少滞纳金的增加和受到行政处罚的可能。如果单位希望先把钱要回来再去补缴的话，可能不会被支持。职工提出离职的理由是“加了店身体受不了”，简单来说就是职工因工作强度太大而离职，如果职工在离职理由一项填写的是“单位未依法缴纳社会保险”，恐怕还是有机会得到一笔经济补偿金，考虑到5年的工龄，经济补偿金的数额很有可能跟单位的社会保险补贴相当。

62 职工自行缴纳社会保险应该如何处理?

有些职工可能不想在单位所在地参保，而在自己的户籍所在地或其他计划退休的地区自行缴纳社会保险，也有些职工因为单位不给缴纳社会保险，为了保证自己的社会保险不断缴，自己找了家公司缴纳社会保险。这种职工自行缴纳社会保险包含了两方面的含义：一方面职工自己负担了本应由单位负担的社会保险缴纳费用，另一方面单位没有依法缴纳社会保险。关于单位的违法行为如何理解，本书的其他部分已经讨论比较多了，我们不再重复，这里关注社会保险费用问题，如果职工自己缴纳了社会保险，能不能要求单位给予一定的补偿呢?这个问题存在一定的争议，在我国不同地区会有不同的处理结果。江苏有案件认为《社会保险费征缴暂行条例》第二十一条规定，“任何组织和个人对有关社会保险费征缴的违法行为，有权举报。劳动保障行政部门或税务机关对举报应当及时调查，按照规定处理，并为举报人保密。”用人单位未依法为职工缴纳社会保险费，职工又没有按照法律规定，及时向相关部门投诉举报，而是选择了自行缴费的方式，不符合法律法规关于社会保险费征缴的规定。考虑到职工本身的过错行为，不支持职工要求单位把社会保险费用补给自己的主张。北京地区也存在这样的情况，认为职工自己缴纳社会保险属于扰乱社会保险征缴秩序的行为，相关后果应当自行承担，无权再要求单位补偿社会保险费用。我们同时也注意到有些地区支持职工的主张，比如湖北省有案例认为单位少缴纳的社会保险费用属不当得利，需要返还给职工。山东省的态度又有所不同，认为关于返还社会保险费用的案件不属于劳动争议而不进行审理，这种方式从劳动争议诉讼结果的角度来看，应当归类于不支持职工索要社会保险费用。

63 单位不给缴纳社会保险怎么办？

首先，职工可以考虑纠正单位的做法。如果单位不给职工缴纳社会保险，不论是单独一个职工还是多数职工，都可以向当地的劳动保障监察部门投诉，也可以向社会保险经办机构或者社会保险费征收机构投诉。相关机构会在查明事实的基础上责令单位予以补缴。其次，职工可以考虑以单位不依法缴纳社会保险为由解除劳动合同，即通常所称的“被迫解除劳动合同”，然后按照每工作一年补偿一个月的标准向单位主张经济补偿金。

两项措施可以单独采取，也可以一并进行。需要强调的是社会保险补缴问题由劳动监察负责，经济补偿金由劳动仲裁委员会管辖。如果单位没有很好的态度主动履行，两项措施很难在同一机构解决。

64 社会保险缴费基数应该是多少?

社会保险缴费的比例根据险种不同来确定，这里的比例要乘一个基数才能确定缴纳社会保险的费用，这个基数我们称为社会保险的缴费基数。社会保险的缴费基数根据职工上一年度的平均工资来确定，对于新入职的职工来说没有上一年度平均工资作为参考就直接以入职时约定的工资为准。同时，还要考虑社会平均工资为社会保险缴费基数划定上限和下限，上限为社会平均工资的300%，下限为社会平均工资的60%（有些地区会有40%的规定）。如果某位职工的工资水平特别高，那么社会保险缴费基数最高就定为社会保险平均工资的300%，不再根据职工的个人工资上浮；同样如果职工的工资水平很低，那么他的社会保险缴费基数也不能低于法律规定的下限。

那么平均工资应该怎么来算呢？“平均”就是12个月的工资全部加起来再除以12，但“工资”两个字就可能有争议了。首先，这里的工资是指应发工资或“税前工资”，在扣除社会保险费用、住房公积金和个人所得税之前进行计算。其次，应当包含基本工资、绩效工资、计件工资、奖金、津贴、补贴等全部工资收入。

➲ 法条链接 **《关于工资总额组成的规定》：**

第四条　工资总额由下列六个部分组成：

（一）计时工资；

（二）计件工资；

（三）奖金；

（四）津贴和补贴；

（五）加班加点工资；

（六）特殊情况下支付的工资。

65 单位少缴社会保险怎么办?

如果单位没有按照法定的缴费基数为职工缴纳社会保险，职工的解决办法和单位不给职工缴纳社会保险是一样的，都可以向当地的劳动保障监察部门投诉，也可以向社会保险经办机构或者社会保险费征收机构投诉。但通过“被迫解除劳动合同”要求支付经济补偿金的方法就需要根据各地区的地方性规定来考虑是否能够使用。例如北京在单位已经缴纳了社会保险，只是基数不正确的情况下不支持职工以未依法缴纳社会保险解除劳动合同并主张经济补偿金。职工如果确实这样做了，有可能最后被判定为因自身原因解除劳动合同，不能获得任何补偿和赔偿。

66 社会保险断缴有哪些危害?

社会保险断缴在养老保险方面的影响比较小。根据养老保险多缴多得权益累计计算，断缴的主要影响是在断缴期间可能会减少职工自己的养老保险累计年限和总额，职工主要确保不因为社会保险断缴影响自己办理退休的权利即可。总的来说，如果断缴时间不长，影响就不大。

医疗保险断缴对职工影响比较大。绝大部分地区医保断缴第二个月开始就不能再使用（有些地区有几个月的缓冲期）；假如这个时候生病去医院了，那就意味着所有医疗费用都需要自己承担。医保断缴还会影响连续缴费年限的计算，如果连续缴费年限“清零”可能会影响医保报销的上限。假如退休前的累计缴费年限达到当地规定最低缴费年限，可以退休后不用缴费，终身享受职工医疗保险报销的待遇。即使没有之前这些顾虑，也需要考虑医疗保险的累计缴费年限，尽量不要断缴。

享受生育保险需要在生育时连续缴纳一定的时间，各地区的具体要求不同，一般要求6到12个月的连续缴费，否则不能享受生育保险待遇。

失业保险与生育保险的情况类似，需要连续缴满一年才能在失业时领取失业金。

工伤保险不存在断缴的问题，工作期间正常缴纳工伤保险就可以依法享有工伤保险待遇。

对于有些人来说，断缴社会保险最大的影响不是保险本身的利益，而是买房、买车、积分落户等权利，北京、深圳都有相关规定，必须要连续缴满一定的年限才能获得买房、买车的资格，一旦断缴就要重新计算。

67 社会保险补缴投诉受两年“时效”限制吗？

单位没有给职工缴纳社会保险费或者缴费基数不足时，职工可以通过劳动监察程序进行投诉，由劳动保障行政部门责令单位进行补缴。同时，我们又注意到《劳动保障监察条例》第二十条规定：“违反劳动保障法律、法规或者规章的行为在2年内未被劳动保障行政部门发现，也未被举报、投诉的，劳动保障行政部门不再查处。前款规定的期限，自违反劳动保障法律、法规或者规章的行为发生之日起计算；违反劳动保障法律、法规或者规章的行为有连续或者继续状态的，自行为终了之日起计算。”从条文内容来看似乎职工只有两年的时间进行投诉，如果超出两年后即使投诉劳动保障部门也不再处理了，但是实践中有些案件对此进行了突破。

山东省高级人民法院在（2019）鲁行再 69 号行政判决书中认为，《劳动保障监察条例》第二十条虽然规定了劳动保障行政部门对劳动违法行为查处的追究时效及超过追究时效的法律后果，即对于超过两年追究时效的违法行为，劳动保障行政部门不再予以查处，但从保护劳动者权益角度出发，对于用人单位未按时足额缴纳社会保险费用的，劳动行政保障部门依据《劳动保障监察条例》第二十条规定，以企业未依法缴纳社会保险费行为在 2 年内未被发现，也未被举报、投诉为由不再查处的，人民法院不应予以支持，当事人请求履行查处职责，且能够提供相应材料初步证明企业存在未依法缴纳社会保险费用的，人民法院应当判决责令有关劳动保障行政部门履行相应职责。

山东省高级人民法院的理由可以总结为两点，一是“保护劳动者权益”，认为继续向企业追究不依法缴纳社会保险的责任体现了对劳动者的保护,《劳动保障监察条例》的规定在一定程度上被突破了; 第二，要求职工一方“能够提供相应材料初步证明企业存在未依法缴纳社会保险费用”。

广州铁路运输中级人民法院在（2016）粤行终 1867 号行政判决书中，体现了这样一种思路: 追缴行为是否应受两年时效限制，要结合其他法律法规来认定。社会保险中心作为社会保险经办机构，根据《社会保险稽核办法》第二条、第三条第一款和第八条第四款的规定，企业未依法足额为员工缴纳社会保险费用的，上诉人依法履行行政职责，对企业进行社会保险稽核、责令整改，相关法律法规对费用追缴的时效并无限制性规定，社会保险费用追缴不受民事诉讼两年时效的限制。

广州铁路运输中级人民法院的观点可以解释为社会保险稽核是劳

动监察的一种特殊情况，劳动监察通常受两年“时效”限制，但社会保险稽核可以有所突破。

这个问题存在如此大的争议，司法实践中的理解也不一致，人力资源和社会保障部也有所关注，在《人力资源社会保障部对十二届全国人大五次会议第5063号建议的答复》（人社建字［2017］105号）中有如下意见，“我们认为，企业欠缴社会保险费侵害参保人员权益，直接削弱基金支撑能力，加重了中央和地方财政负担，影响社会稳定。为此，我们高度重视欠缴清理工作，采取多种措施指导地方做好相关工作，促进基金应收尽收。为维护参保人员社会保险权益，强化征缴清欠工作，经办机构接到超过《劳动保障监察条例》第20条第一款2年的追诉期投诉后，一般也按程序进行受理。对能够提供佐证材料的，尽量满足参保者诉求，予以解决，以减少企业职工临近退休时要求企业足额补缴欠费的问题发生。

68 没有工作单位怎么缴纳社会保险?

我们这里将没有工作单位的劳动者称为灵活就业人员，可以包括从事社区居民服务等工作的人员，如修理工、家政服务等所有从事社会劳动但没有工作单位的人员，当然即使没有参加任何劳动，也可以按照灵活就业人员的相关规定缴纳社会保险。

灵活就业人员的社会保险缴纳方式与一般职工有很大区别，灵活就业人员一般只能缴纳养老保险和医疗保险，有些地区还可以缴纳失业保险。职工缴纳社会保险时缴费基数根据个人的平均工资来确定，收入越多缴费就越多，当然享受的权益也会相应增加。严格来说，职工缴纳社会保险的金额只能由工资基数决定，不允许单位或职工自行选定。灵活就业人员的缴费基数并不能根据个人工资来确定，因为灵活就业情况下不存在单位每月发放工资的过程，这时个人的工资只有自己掌握，社会保险机构无法评判。灵活就业人员缴纳社会保险费用的基数一般以社会平均工资为基准，不同地区会在社会平均工资的基础上确定几个缴费等级，具体缴费时由个人进行选择。职工在缴纳社会保险时费用由个人负担一部分，单位负担一部分，并且单位负担大部分费用，灵活就业人员的社会保险费需要全部自行承担。单位职工缴纳社会保险由单位统一开立社会保险账户，在单位所在地缴纳，灵活用工人员只能在个人户籍地参保。

有些自由职业者或失业人员会考虑挂靠一家单位进行社会保险缴纳，例如从上一家单位离职后难以找到新工作或因各种原因打算暂时休息一段时间，就去找一家熟人、朋友的单位，虚拟一个工资基数，然后以这个基数缴纳社会保险。社会上也有一些人力资源公司或者社会保险公司专门从事这项业务。这样缴纳社会保险的好处是确保社会保险连续，而且缴纳险种齐全，从社会保险缴费记录来看这个职工一直都没有失业过，而缺点也是显而易见的，社会保险缴纳关系与劳动关系应当一致，挂靠单位缴纳社会保险属于违法行为，甚至可能触犯刑法。

商业保险也是一种选择，如果灵活就业人员认为现有的社会保险体系不能满足自身需要，可以考虑购买商业保险作为补充或者单独购买商业保险。

法条链接《劳动和社会保障部关于完善城镇职工基本养老保险政策有关问题的通知》：

三、城镇个体工商户等自谋职业者以及采取各种灵活方式就业的人员，在其参加养老保险后，按照省级政府规定的缴费基数和比例，一般应按月缴纳养老保险费，也可按季、半年、年度合并缴纳养老保险费；缴费时间可累计折算。上述人员在男年满60周岁、女年满55周岁时，累计缴费年限满15年的，可按规定领取基本养老金；累计缴费年限不满15年的，其个人账户全部储存额一次性支付给本人。

《中华人民共和国社会保险法》：

第十条 职工应当参加基本养老保险，由用人单位和职工共同缴纳基本养老保险费。

无雇工的个体工商户、未在用人单位参加基本养老保险的非全日制从业人员以及其他灵活就业人员可以参加基本养老保险，由个人缴纳基本养老保险费。

第二十三条 职工应当参加职工基本医疗保险，由用人单位和职工按照国家规定共同缴纳基本医疗保险费。

无雇工的个体工商户、未在用人单位参加职工基本医疗保险的非全日制从业人员以及其他灵活就业人员可以参加职工基本医疗保险，由个人按照国家规定缴纳基本医疗保险费。

69 个体工商户如何缴纳社会保险？

个体工商户缴纳社会保险的问题，可以分成两部分来讨论。如果个体工商户没有雇员，业主独立完成所有经营事务，业主个人缴纳社会保险的方式和灵活就业人员一致，可以参考上一个问题。

如果个体工商户雇用有其他从业人员，这些人的社会保险问题要如何处理呢？我们首先明确个体工商户与雇员之间存在什么关系。《中华人民共和国劳动法》（以下简称《劳动法》）第二条：在中华人民共和国境内的企业、个体经济组织（以下统称用人单位）和与之形成劳动关系的劳动者，适用本法。《关于贯彻执行〈中华人民共和国劳动法〉若干问题的意见》第一条："劳动法第二条中的'个体经济组织'是指一般雇工在七人以下的个体工商户。"根据以上法律规定可以看出，个体工商户构成劳动法意义上的用人单位，与其雇工构成劳动关系。那么为个体工商户提供劳动的雇员也可以享受劳动法的各项权益，包括要求单位缴纳社会保险。因此个体工商户应当像一般企业用人单位一样为职工建立社会保险账户缴纳社会保险。

这里还需要明确一下关于个体工商户雇工数量限制的问题，根据《城乡个体工商户管理暂行条例》第四条的规定："个体工商户可以根据经营情况请一、二个帮手；有技术的个体工商户可以带三、五个学徒。"我们将两项数字相加，认为个体工商户只能使用 7 个以下的雇工，但 2011 年颁布的《个体工商户条例》废止了《城乡个体工商户管理暂行条例》，并取消了雇工限制。因此我们适用《关于贯彻执行〈中华人民共和国劳动法〉若干问题的意见》时可以不再纠结于雇工人数的问题，凡是个体工商户的雇工都属于劳动关系并且需要依法缴纳社会保险。

70 单位没有给农民工缴纳社会保险应该如何赔偿？

农民工在社会保险制度中的权利与城镇职工的并没有本质上的区别，如果单位没有给农民工缴纳社会保险，农民工可以向劳动监察部门进行投诉，要求单位进行补缴，也可以主动解除劳动关系，要求单位支付经济补偿金。因为单位没有依法缴纳社会保险而造成的损失农民工也可以要求单位进行赔偿。这里之所以需要单独讨论农民工的问题，是因为《社会保险法》于 2011 年 7 月 1 日起施行，在该法实施前，用人单位未为农民工缴纳养老保险的，社会保险经办机构实际无法办理补缴手续。这种情况下劳动仲裁委、法院可以判令用人单位以金钱方式赔偿农民工未缴养老保险损失，也就是说农民工在处理社会保险问题时有一个重要的时间节点，即 2011 年 7 月 1 日。这里并不是说在 2011 年 7 月 1 日前申请劳动争议仲裁才能处理，而是说如果在劳动争议仲裁案件中涉及 2011 年 7 月 1 日之前单位没有给农民工缴纳社会保险的情况，农民工可以直接要求单位赔偿，但城镇职工不可以。具体赔偿的金额由劳动争议仲裁委员会和社会保险行政机构在系统内解决，农民工在申请劳动仲裁时只需要估算一个大概金额即可。农民工要求用人单位给付 2011 年 7 月 1 日后养老保险赔偿的不予支持。

71　哪些社会保险争议归劳动仲裁和法院管？

此处我们要讨论社会保险问题是否属于劳动争议，凡属于劳动争议的事项，劳动争议仲裁委员会和人民法院都应当作为劳动案件依法予以受理并做出裁判。表面上来看，社会保险问题与劳动关系存在非常紧密的联系，并且相关法律也规定社会保险争议属于劳动争议，但在实践中这个问题却需要分开讨论。社会保险问题不同于一般的劳动争议，一般劳动争议的双方仅包括用人单位和劳动者，争议内容以经济利益为主，但社会保险争议除争议双方外还会涉及社会保险征缴单位。以社会保险欠缴为例，劳动者发现在工作期间单位没有依法缴纳社会保险，认为单位应当予以补缴并将争议诉至人民法院，如果人民法院判决单位应当予以补缴，那么问题就变得复杂了。补缴社会保险并不是职工和单位两方就能决定的，还需要社会保险行政部门参与。在劳动争议案件中，人民法院不能对行政机构做出判决，也就是说补缴问题不能通过人民法院解决。有些劳动者可能会提出让单位把本应该缴纳的社会保险费直接赔给劳动者，这样也会存在问题，因为没有依法缴纳的社会保险费还存在继续追缴的可能，如果法院判决单位直接把钱赔给职工，就等于否认了社会保险行政部门的征缴权利。因此社会保险费用问题应当以《社会保险费征缴暂行条例》和《社会保险法》的规定作为依据。根据这两部法律法规的规定，我国社会保险从办理登记、缴费、发放社会保险费用到监督检查等均明确规定了由社会保险行政部门负责和管理。

那么人民法院能处理哪些问题呢？这里主要涉及我们之前说过的损失问题，如果单位没有依法缴纳社会保险导致职工无法获得应有的社会保险待遇，相关损失应当由单位承担。职工可以通过劳动争议仲裁程序或诉讼程序解决。如果单位没有依法缴纳社会保险，职工要求以此为由解除劳动合同的经济补偿金，人民法院和劳动争议仲裁委员会都将予以解决。如果是单位没有缴纳社会保险或者缴费基数不足，职工要求补缴的，向劳动监察部门投诉解决。如果单位已经依法缴纳了社会保险，职工在享受待遇的过程中认为社会保险行政部门发放的待遇不足，可以向人民法院提起行政诉讼解决。

法条链接 **《中华人民共和国劳动争议调解仲裁法》：**

第二条　中华人民共和国境内的用人单位与劳动者发生的下列劳动争议，适用本法：

（一）因确认劳动关系发生的争议；

（二）因订立、履行、变更、解除和终止劳动合同发生的争议；

（三）因除名、辞退和辞职、离职发生的争议；

（四）因工作时间、休息休假、社会保险、福利、培训以及劳动保护发生的争议；

（五）因劳动报酬、工伤医疗费、经济补偿或者赔偿金等发生的争议；

（六）法律、法规规定的其他劳动争议。

72 社会保险缴费记录能不能证明劳动关系？

劳动关系与社会保险缴纳关系应当保持一致，但在社会生活中往往存在分离的现象。存在劳动关系，但单位没有给职工缴纳社会保险的现象很好理解，就是单位没有履行法定责任，侵犯劳动者权益、扰乱社会保险缴纳秩序；没有劳动关系却缴纳社会保险的情况就比较复杂了：有些是单位需要使用某些人的特殊资质来体现单位拥有足够多的专业人才，虚构了劳动关系为“职工”缴纳社会保险；也有些职工因为需要防止自己社会保险断缴，找了家公司挂靠社会保险关系。

我们之前在讨论劳动关系认定时，提到《关于确立劳动关系有关事项的通知》中规定：“二、用人单位未与职工签订劳动合同，认定双方存在劳动关系时可参照下列凭证：（一）工资支付凭证或记录（职工工资发放花名册）、缴纳各项社会保险费的记录”。也就是说，社会保险的缴费记录可以作为证明劳动关系的证据，但是我们注意到其中的措辞为“可参照”，说明并不是只要存在社会保险的缴费记录就一定能认定劳动关系。劳动关系认定案件中的证据仅仅是为了证明用工的事实，如果证明本身可以反映出用人单位依法制定的各项劳动规章制度适用于职工，职工受用人单位的劳动管理，从事用人单位安排的有报酬的劳动和职工提供的劳动是用人单位业务的组成部分等事实，则可以认定存在劳动关系。

社会保险缴费记录可以作为劳动关系存在的初步证据，如果单位一方否认劳动关系的，需要就社会保险缴纳情况提出合理解释，并提供相应的证据予以证明。单位的证据足以否认劳动关系时，比如单位并没有给职工发工资而职工却每月按时把社会保险费用转账给单位，这样职工的请求将被驳回。这里再次强调，社会保险关系与劳动关系分离是违法的，单位应避免此类操作。如果一些单位确实有必要给不存在劳动关系的人员缴纳社会保险，需要签署相关协议并保留好各种证据，这样至少可以避免被认定为劳动关系的风险。

第二节　医疗保险

73 城镇职工医疗保险和城镇居民医疗保险有什么区别?

对于城镇职工基本医疗保险而言，保险的对象包括了所有在职人员和其他的退休人员。参加居民基本医疗保险不要求是在职员工，需具有本市城镇常住户籍，并且不属于城镇职工基本医疗保险制度覆盖范围的非从业居民，或者是非本市常住户籍。但常年在本市城镇（指乡镇级及以上政府所在地）就学或入托的中小学生、学龄前儿童、婴幼儿和本市行政区域内高校（科研院、所）大学生，均可参加居民医保。

居民基本医疗保险应该缴纳的保险金都是由个人自己全额缴纳，职工基本医疗保险的资金由供职单位和职工个人一同缴纳。从享受待遇来看，居民基本医疗保险只有保险，报销比例较低，职工医疗保险享有的除了基本的保险之外，还有公务员医疗补助保险和大额医疗费用的补助。

74 新农合是什么?

新农合的全称是新型农村合作医疗，是政府组织、引导、支持，农民自愿参加，个人、集体和政府多方筹资，以大病统筹为主的农民医疗互助共济制度，采取个人缴费、集体扶持和政府资助的方式筹集资金。与城镇职工医疗保险相比，新农合的特点是缴费低，由政府进行一定的补贴，报销比例低、报销范围小，并且以大病保障为主。虽然看起来保障力度比较小，但是可以给农民提供最基本的医疗保障，积极参加还是非常有意义的。

这项制度从2002年开始建设，2002年10月，《中共中央、国务院关于进一步加强农村卫生工作的决定》明确指出：要“逐步建立以大病统筹为主的新型农村合作医疗制度”，到2010年，新型农村合作医疗制度要基本覆盖农村居民，从2003年起，中央财政对中西部地区除市区以外的参加新型合作医疗的农民每年按人均10元安排合作医疗补助资金，地方财政对参加新型合作医疗的农民补助每年不低于人均10元，农民为参加合作医疗、抵御疾病风险而履行缴费义务不能视为增加农民负担。

此后政府不断加大补贴力度，扩大报销范围，直到2016年开始了与城镇居民基本医疗保险的合并之路。

2016 年，国务院印发《关于整合城乡居民基本医疗保险制度的意见》，开始整合城镇居民基本医疗保险和新型农村合作医疗两项制度，两项制度整合以后会以统一的城乡居民基本医疗保险制度出现。两项制度的整合是一个长期过程，各省、市将根据自身情况制定规划，逐步推进。根据《关于做好 2019 年城乡居民基本医疗保障工作的通知》的要求，城镇居民基本医疗保险和新型农村合作医疗制度尚未完全整合统一的地区，要按照党中央、国务院部署要求，于 2019 年底前实现两项制度并轨运行，向统一的城乡居民医保制度过渡。截至 2020 年，城乡居民的保险制度基本建立，新农合作为一种独立的医疗保障制度逐步退出了历史。

新农合和城镇医保合并是推进医药卫生体制改革、实现城乡居民公平享有基本医疗保险权益、促进社会公平正义、增进人民福祉的重大举措，对促进城乡经济社会协调发展、全面建成小康社会具有重要意义。

75 医保能报销多少?

这里所说医保是指“五险一金”中的医疗保险，也就是职工医疗保险。医保报销时要关注两项费用标准，分别是起付线和封顶线，门诊和住院费用的起付线和封顶线需要分别计算，其基本含义一致，具体数额不同。起付线指医保基金报销医疗费的起算点，未达到起付线的医疗费不能通过医保进行报销。门诊的起付线根据各地的政策不同，可能在 300 到 2000 元左右，有些地区可能会区分在职人员与退休人员，考虑到退休人员年龄较大，对医疗的需求更为强烈，以及退休人员收入上的实际情况，一般退休人员的起付线划定较低。不管是门诊还是住院报销，医疗费用在起付线以下的，都由个人自行承担。超过起付线的费用也不能够全部报销，有些药品目录并不在基本医疗保险药品目录范围内，这部分费用需要患者自己承担。起付线以上的其余费用还存在报销比例的问题，通常医保可以报销80%或更高。最后，医保报销还存在限额即封顶线，即超过一定费用后医保不再报销，限额的具体情况也需要根据各地政策来确定，通常住院医疗费的报销限额会高于门诊医疗费限额。

第三节　工伤保险

76 工伤保险能否单独缴纳?

对于绝大多数单位和职工而言，在我国需要缴纳全部的社会保险，社会保险包括养老保险、医疗保险、公司保险、生育保险、失业保险。根据《社会保险法》的规定，中华人民共和国境内的用人单位和个人依法缴纳社会保险费。同时明确规定，职工应当参加工伤保险，由用人单位缴纳工伤保险费，职工不缴纳工伤保险费。也就是说，社会保险是公司企业必须为职工缴纳的，工伤保险包括在社会保险里，不可以单独购买。

但在一些特殊情形下可以为职工单独购买工伤保险。《关于非全日制用工若干问题的意见》第十二项规定：“用人单位应当按照国家有关规定为建立劳动关系的非全日制劳动者缴纳工伤保险费。从事非全日制工作的劳动者发生工伤，依法享受工伤保险待遇；被鉴定为伤残 5—10 级的，经劳动者与用人单位协商一致，可以一次性结算伤残待遇及有关费用。”对于现实中比较常见的多重务工问题，人力资源和社会保障部《实施 < 中华人民共和国社会保险法 > 若干规定》（人社部令第 13 号）第九条规定：“职工（包括非全日制从业人员）在两个或者两个以上用人单位同时就业的，各用人单位应当分别为职工缴纳工伤保险费。职工发生工伤，由职工受到伤害时工作的单位依法承担工伤保险责任。”

可见，按照现有法律规定，工伤保险是国家唯一强制用人单位为非全日制从业人员缴纳的社会保险，且是唯一一项多重劳动关系中（包括全日制职工和非全日制从业人员）可以多重缴纳的社会保险，目的就是最大限度地分散用人单位的用工风险，保护劳动者工伤权益。

工伤保险保障制度中，劳动者与用人单位间存在劳动关系是工伤保险关系构成的前提。随着经济社会的发展，劳动者身体健康水平不断提高，现实中有一些达到或超过了退休年龄的人员仍在继续工作，当其遭遇职业伤害后如何保障权益，一直是社会关注的焦点。在实践中各地做法也不尽相同，有的通过工伤保险予以保障，有的通过民事赔偿予以解决。为更好地保障这部分人的工伤保险权益，进一步规范各地做法，在总结地方实践经验的基础上，依据相关政策规定，《人力资源社会保障部关于执行〈工伤保险条例〉若干问题的意见（二）》（人社部发［2016］29 号）中分两种情况予以明确规定。“达到或超过法定退休年龄，但未办理退休手续或者未依法享受城镇职工基本养老保险待遇，继续在原用人单位工作期间受到事故伤害或患职业病的，用人单位依法承担工伤保险责任。用人单位招用已经达到、超过法定退休年龄或已经领取城镇职工基本养老保险待遇的人员，在用工期间因工作原因受到事故伤害或患职业病的，如招用单位已按项目参保等方式为其缴纳工伤保险费的，应适用《工伤保险条例》。”

这一方面进一步明确了用人单位应当承担的工伤保险责任，另一方面也充分考虑了部分行业采用按项目参保等方式缴纳工伤保险费的实际，有利于更好地保障超过法定退休年龄人员的工伤保险权益。

根据《人力资源社会保障部办公厅关于进一步做好建筑业工伤保险工作的通知》，在建筑行业中缴纳工伤保险可以有两种方式，一是相对固定的职工，应按用人单位参加工伤保险。不能按用人单位参加工伤保险的职工，特别是短期雇佣的农民工，应按项目优先原则参加工伤保险，一般应由施工项目总承包单位或项目标段合同承建单位按照劳动雇佣关系一次性代缴本项目工伤保险费，覆盖项目使用的所有职工，包括专业承包单位、劳务分包单位使用的农民工。各类工程建设项目可以项目或标段为单位，按照项目或标段的建筑安装工程费（或工程合同价）的一定比例参保缴费。对人工成本占比较低的工程建设项目，可按照人工成本乘工伤保险行业基准费率的方式计算工伤保险费。对于难以确定直接人工成本的工程建设项目，可参照本地区社会平均工资确定缴费基数。

第四节 失业保险

77 失业保险的领取条件是什么?

一是按照规定参加失业保险，所在单位和本人已按照规定履行缴费义务满 1 年。

二是非因本人意愿中断就业，即失业人员不愿意中断就业，但因本人无法控制的原因而被迫中断就业。劳动保障部发布的《失业保险金申领发放办法》对哪些情形属于非因本人意愿中断就业作了规定，主要包括终止劳动合同的；被用人单位解除劳动合同的；被用人单位开除、除名和辞退的；根据《中华人民共和国劳动法》第三十二条第二、三项与用人单位解除劳动合同的第三十二条："有下列情形之一的，劳动者可以随时通知用人单位解除劳动合同:……（二）用人单位以暴力、威胁或者非法限制人身自由的手段强迫劳动的;（三）用人单位未按照劳动合同约定支付劳动报酬或者提供劳动条件的。"法律、行政法规另有规定的。

三是已办理失业登记，并有求职要求。积极参与失业登记不仅可以为失业人员提供就业政策法规咨询、职业指导、职业介绍等基本公共就业服务，还可以发挥全国就业信息监测系统的功能，加强我国人力资源管理和为就业决策提供依据。

失业人员申领失业保险金应填写《失业保险金申领表》，并出示下列证明材料：本人身份证明；所在单位出具的终止或者解除劳动合同的证明；失业登记；省级劳动保障行政部门规定的其他材料。

78 失业保险待遇有哪些？

失业保险待遇的最主要内容是失业保险金，失业保险金按月领取，具体金额因职工的参保地不同而不同，具体领取时长以失业前的失业保险缴费年份确定。

《失业保险条例》第十八条规定，“失业保险金的标准，按照低于当地最低工资标准、高于城市居民最低生活保障标准的水平，由省、自治区、直辖市人民政府确定。”根据统计数据，2018 年全国月人均失业保险金水平为 1266 元。

关于领取期限，《社会保险法》第四十六条和《失业保险条例》第十七条规定，失业人员失业前所在单位和本人按照规定累计缴费时间满 1 年不足 5 年的，领取失业保险金的期限最长为 12 个月；累计缴费时间满 5 年不足 10 年的，领取失业保险金的期限最长为 18 个月；累计缴费时间 10 年以上的，领取失业保险金的期限最长为 24 个月。重新就业后，再次失业的，缴费时间重新计算，领取失业保险金的期限可以与前次失业应领取而尚未领取的失业保险金的期限合并计算，但是最长不得超过 24 个月。

根据《社会保险法》第四十八条、《失业保险条例》第十条规定，失业人员在领取失业保险金期间，还可以享受以下待遇：继续参加职工基本医疗保险，享受基本医疗保险待遇。基本医疗保险费从失业保险基金中支付，个人无需缴纳基本医疗保险费。领取失业保险金期间死亡的失业人员，他的遗属可以根据规定领取丧葬补助金和其供养的配偶、直系亲属的抚恤金。享受职业培训、职业介绍补贴，具体标准由各省级人民政府规定。国务院规定或者批准的与失业保险有关的其他费用，如在扩大失业保险基金支出范围试点地区，失业保险基金可以支出的项目包括职业技能鉴定补贴、社会保险补贴、小额贷款担保基金、小额贷款担保贴息等。

79 单位不开离职证明领不到失业保险怎么办？

《劳动合同法》第五十条规定："用人单位应当在解除或者终止劳动合同时出具解除或者终止劳动合同的证明，并在十五日内为劳动者办理档案和社会保险关系转移手续。"同时，该法第八十九条规定："用人单位违反本法规定未向劳动者出具解除或者终止劳动合同的书面证明，由劳动行政部门责令改正；给劳动者造成损害的，应当承担赔偿责任。"从上述规定可以看出，办理离职证明是用人单位的法定义务，并且开具离职证明的前提只包括解除或者终止劳动合同，只要离职事实已经发生，单位就应当依法向职工开具离职证明，单位提出任何其他理由都不能被接受，比如双方有争议尚未解决，离职手续没有办理完成，离职是职工自己提出等。如果单位确实因各种理由推诿、拖延甚至拒绝开具离职证明，职工可以到劳动监察部门进行投诉或者向劳动争议仲裁委员会申请仲裁，要求单位开具离职证明。

对于单位迟延开具离职证明而给职工造成的损失，职工也可以要求单位予以赔偿。此处我们建议职工在已有材料范围内，先行申请失业保险待遇，如果社会保险经办机构确实因为职工因无法出具离职证明而拒绝发放失业保险金，职工可以根据当地失业保险政策计算出因单位没有开具离职证明而造成的具体损失金额，然后以此金额为准向劳动争议仲裁委员会申请仲裁。

第五节　养老保险

80 养老保险未缴满 15 年，应该怎么办？

《国务院关于建立统一的企业职工基本养老保险制度的决定》第五条规定："本决定实施后参加工作的职工，个人缴费年限累计满 15 年的，退休后按月发给基本养老金。"这就是我们常说的养老保险要缴满 15 年才能退休。如果在退休时缴纳的养老保险不够 15 年怎么办呢？在讨论这个问题之前我们需要排除一些情况。

我国的养老保险体系是逐渐建立起来并完善的，现行企业职工基本养老保险制度以三个文件的颁布为标志，分别是 1991 年的《国务院关于企业职工养老保险制度改革的决定》，1995 年的《国务院关于深化企业职工养老保险制度改革的通知》，1997 年的《国务院关于建立统一的企业职工基本养老保险制度的决定》，在此前职工并不缴纳养老保险费（各地建立养老保险个人缴费制度的时间不一样），这就是视同缴费概念的来源。视同缴费年限，指参保职工实际缴费年限之前的按国家规定计算的连续工作年限。视同缴费年限与实际缴费年限之和达到 15 年的职工同样可以办理退休。一般视同缴费年限的认定需要以职工的档案记载为准，如果因各种原因导致当时的档案中并未记载工作年限情况，职工认定视同缴费年限时将面对很大困难。

有些职工已经在单位正常工作了一段时间，但是单位因种种原因没有为职工缴纳社会保险，导致职工退休时的缴费年限不足 15 年，这时可以考虑通过补缴的方式进行解决。各地对补缴社会保险的政策和流程都有不同要求，可以先向社会保险行政部门咨询补缴养老保险的要求。补缴社会保险的一个基本前提就是和单位存在劳动关系，如果劳动关系认定存在障碍，可以通过劳动争议仲裁程序解决。

以上谈到的缴费年限不足 15 年的情况都是可以用其他方法补救的，并非真正的不足 15 年，除此以外还有些职工他们在退休前的实际工作年限就不足 15 年，那应该如果处理呢？第一，可以进行补缴。补缴的方式有逐年补缴和一次性补缴。《社会保险法》第十六条第二款规定："参加基本养老保险的个人，达到法定退休年龄时累计缴费不足十五年的，可以缴费至满十五年，按月领取基本养老金。"《实施 < 中华人民共和国社会保险法 > 若干规定》第二条规定："参加职工基本养老保险的个人达到法定退休年龄时，累计缴费不足十五年的，可以延长缴费至满十五年。社会保险法实施前参保、延长缴费五年后仍不足十五年的，可以一次性缴费至满十五年。"以上是国家层面对社会保险补缴的规定，但各地的情况各有不同，具体有哪些要求和政策还需要咨询当地社会保险行政机构。第二，转入城乡居民基本养老保险。我国的基本社会保险分两种：一种是城乡居民基本养老保险，另一种是城镇职工基本养老保险。前一种是 2014 年《国务院关于建立统一的城乡居民基本养老保险制度的意见》中决定将新型农村社会养老保险和城镇居民社会养老保险合并实施，在全国范围内建立统一的城乡居民基本养老保险；后一种就是我们一直在讨论的由职工单位代为缴纳的"五险一金"中养老保险的全称。《社会保险法》第十六条第二款规定："参加基本养老保险的个人，达到法定退休年龄时累计缴费不足十五年的可以缴费至满十五年，按月领取基本养老金；也可以转入新型农村社会养老保险或者城镇居民社会养老保险，按照国务院规定享受相应的养老保险待遇。"这里提到的"新型农村社会养老保险或者城镇居民社会养老保险”，目前已经被合并为转入城乡居民基本养老保险。年满 16 周岁（不含在校学生），非国家机关和事业单位工作人员及不属于职工基本养老保险制度覆盖范围的城乡居民，可以在户籍地参加城乡居民养老保险。因此，城乡居民养老保险与职工养老保险不可兼得，城乡居民养老保险的缴费额度低，相应的养老保险待遇也低于职工养老保险。第三，一次性取出。《实施 < 中华人民共和国社会保险法 > 若干规定》第三条第二款规定，“参加职工基本养老保险的个人达到法定退休年龄后，累计缴费不足十五年（含依照第二条规定延长缴费），且未转入新型农村社会养老保险或者城镇居民社会养老保险的，个人可以书面申请终止职工基本养老保险关系。社会保险经办机构收到申请后，应当书面告知其转入新型农村社会养老保险或者城镇居民社会养老保险的权利以及终止职工基本养老保险关系的后果，经本人书面确认后，终止其职工基本养老保险关系，并将个人账户储存额一次性支付给本人。”一次性取出需要职工本人的书面申请，并且只能取出个人账户储存额。从好的方面来看，这项制度的决定权完全由职工本人控制，不好的方面就是只能取出个人部分，当初单位所缴纳的费用对职工来说就等于“白白”缴纳了。

81 缴满 15 年后还需要再缴养老保险吗？

退休的前提是养老保险缴满 15 年，那么是不是缴满 15 年就不用再缴呢？这里我们再梳理一下社会保险制度的基本内容：单位与职工建立劳动关系后需要缴纳社会保险，职工个人承担的部分需要单位代扣代缴。在建立劳动关系的基础上，职工对于是否缴纳养老保险并没有自主决定权，或者说缴纳养老保险不仅是一项权利更是义务，除非有人缴纳15年养老保险就不工作了。

养老保险的缴费年限与退休后的养老保险待遇相关，简单来说就是交的越多领的越多。基本养老金由基础养老金和个人账户养老金组成。退休时的基础养老金月标准以当地上年度在岗职工月平均工资和本人指数化月平均缴费工资的平均值为基数，缴费每满1年发给1%。在岗职工的月平均工资很简单，就是统计局统计的当地平均工资。本人指数化月平均缴费工资是一种特殊的本人月平均工资。如果按照退休职工在退休前的每月实际工资来计算个人的平均工资显然会造成一种不公平。因为社会经济在不断发展，个人的每月工资整体上一直处于上涨趋势，把一个人十几年前的月工资和现在的月工资直接平均会导致前期工资的重要性被降低。我们以职工退休时前一年的社会平均工资为基准，放大职工在退休前每一年的实际工资来得到一个当年的“虚拟工资”，比如某地职工退休时的年社会平均工资为10万元，而十年前的年社会平均工资为8万元，在十年前这个职工的年个人工资是4万元。这时我们发现这个职工的工资水平在十年前达到社会平均工资的二分之一，我们就用退休时的10万元乘二分之一得到此名职工在十年前的一个虚拟工资——5万元。这样我们把这个职工在退休前每个缴费年限的虚拟工资都算出来，然后再做平均数，就得到“本人指数化月平均缴费工资”。或者我们也可以用另外一种算法，在每一个缴费年度都用职工个人工资与社会平均工资作比值，这样每一年都会得到一个“个人工资指数”，把每一年的“个人工资指数”做平均数就可以得到“个人工资平均指数”，用“个人工资平均指数”乘退休当年的社会平均工资就会得到“本人指数化月平均缴费工资”。这两种计算方式在数学上的结果是一样的，当然以上的计算都是根据职工在缴纳养老保险时的基数，即自己的真实工资数额，如果职工在缴纳养老保险时基数不足，那退休金只能按照上报的缴费基数来算。

本人个人账户养老金月标准为个人账户储存额除以计发月数，计发月数根据职工退休时城镇人口平均预期寿命、本人退休年龄、利息等因素确定。从2006年1月1日起，个人账户的规模统一由本人缴费工资的11%调整为8%，全部由个人缴费形成，单位缴费不再划入个人账户。以60岁退休来看，计发月数为139个月，用个人账户存储额为基数除以139，就能得到退休职工每月可以领取的本人个人账户养老金月标准。

1997前参加工作的职工，在发给基础养老金和个人账户养老金的基础上，再发给过渡性养老金。过渡性养老金的计发办法由各地具体决定。

以上分析用具体算法显示了缴满15年后继续缴费的意义，尤其是考虑到每多缴纳1年的养老保险在领取保险金时基础养老金月标准的计算就会多乘一个1%，根据多缴多得的原则，职工有必要持续缴纳养老保险费，直到退休。

82 服兵役时间算养老保险年限吗?

根据《退役士兵安置条例》第四十六条规定:“退役士兵到城镇企业就业或者在城镇从事个体经营、以灵活方式就业的，按照国家有关规定参加职工基本养老保险，服现役年限视同职工基本养老保险缴费年限，并与实际缴费年限合并计算。退役士兵回农村的，按照国家有关规定参加新型农村社会养老保险。”士兵服役年限视同缴费年限，除此之外，军人根据《中华人民共和国军人保险法》在退役后还可以享受军人退役养老保险。军人退役养老保险是为了保障军人退役后享有国家规定的养老保险待遇，解决养老保险政策军地衔接问题。军人退出现役参加地方基本养老保险的，国家给予退役养老保险补助。

83 多地工作的职工在哪退休?

一名职工在一生中可能在多地就业并参加养老保险，达到退休年龄时依然按照参保年限、各年度缴费工资和当地平均工资来领取养老保险金。具体在哪里领取，根据户籍地优先、“从长”且“从后”的原则确定。“从长”是指参保年限满 10 年以上，“从后”是指满 10 年以上的参保地不止一个的，以最后一个为准。

法条链接 **《城镇企业职工基本养老保险关系转移接续暂行办法》：**

第六条 跨省流动就业的参保人员达到待遇领取条件时，按下列规定确定其待遇领取地：

（一）基本养老保险关系在户籍所在地的，由户籍所在地负责办理待遇领取手续，享受基本养老保险待遇。

（二）基本养老保险关系不在户籍所在地，而在其基本养老保险关系所在地累计缴费年限满 10 年的，在该地办理待遇领取手续，享受当地基本养老保险待遇。

（三）基本养老保险关系不在户籍所在地，且在其基本养老保险关系所在地累计缴费年限不满 10 年的，将其基本养老保险关系转回上一个缴费年限满 10 年的原参保地办理待遇领取手续，享受基本养老保险待遇。

（四）基本养老保险关系不在户籍所在地，且在每个参保地的累计缴费年限均不满10年的，将其基本养老保险关系及相应资金归集到户籍所在地，由户籍所在地按规定办理待遇领取手续，享受基本养老保险待遇。

84 未缴养老保险怎样赔偿?

在其他讨论中我们已经谈到为职工缴纳社会保险是单位的法定义务，没有依法缴纳社会保险给职工造成损失时单位需要予以赔偿。大家熟知的是工伤保险，如果单位没有给职工依法缴纳工伤保险，发生工伤以后需要由单位承担工伤职工的工伤保险待遇。医疗保险的原理相同，如果因为单位没有依法缴纳社会保险导致职工没能享受医保报销，相关的费用也需要单位赔偿。养老保险的问题就会比较复杂，养老保险待遇是在退休后才能享有，退休后每月领取多少很难提前衡量，但单位没有依法缴纳养老保险是会实实在在地给职工造成损失，职工要求赔偿不仅符合情理也符合法律规定。《最高人民法院关于审理劳动争议案件适用法律若干问题的解释（三）》第一条规定："劳动者以用人单位未为其办理社会保险手续，且社会保险经办机构不能补办导致其无法享受社会保险待遇为由，要求用人单位赔偿损失而发生争议的，人民法院应予受理。"

考虑到在职工退休前，养老保险损失还没有产生，并且补缴养老保险的可能性还存在，这时起诉到人民法院有可能被驳回。江苏省高级人民法院在2017年1月4日作出过一份民事裁定书，案号为（2016）苏民申6023号。职工张某增于2000年5月至2008年10月在某公司工作期间，该公司未为其缴纳养老保险。张某增向人民法院提起诉讼，主张该公司未缴纳社会保险导致其退休工资损失。一审、二审法院都驳回了张某增的诉讼请求，但张某增不服，又向江苏省高级人民法院提起再审申请。江苏省人民法院认为一、二审的判决没有问题，再次驳回了张某增的申请。理由为张某增提起本案诉讼时并未达到法定退休年龄，尚未办理退休手续享受养老保险待遇，其主张的损失并未实际发生，不符合相关司法解释的规定。

湖南也有一个类似的案例。原告胡某良是宁远县禾亭镇石城村村民，以前是村干部。1974 年宁远县邮电局聘请原告作为乡镇的邮递员，但双方一直未签订劳动合同。2007 年 12 月 1 日，宁远县邮电局（被告中国邮政集团公司湖南省宁远县分公司的前身）与原告胡某良签订了《宁远县邮政局邮政业务委代办合同》，此后又分别于 2009 年、2012 年、2013 年签订了《宁远县邮政局邮政业务委代办合同》，2014 年 9 月，因原告已经年满 60 周岁，被告中国邮政集团公司湖南省宁远县分公司将原告胡某良辞退。原告胡某良要求办理退休手续，但由于被告中国邮政集团公司湖南省宁远县分公司未为原告胡某良缴纳养老保险费，致使原告胡某良不能享受退休待遇。宁远县人民法院一审做出（2016）湘 1126 民初 1418 号判决书，要求被告中国邮政集团公司湖南省宁远县分公司赔偿原告胡某良自 1995 年 1 月 1 日起至 2007 年 11 月 30 日的用人单位应当缴纳的基本养老保险费及滞纳金（具体金额以宁远县人力资源和社会保障相关机构计算的金额为准）。但是本案在二审发回重审，一审重审的结果是驳回胡某良的全部请求。理由为根据湖南省人力资源和社会保障厅、湖南省财政厅 2017 年 12 月 21 日联合下发的《关于妥善处理企业职工基本养老保险费缴纳有关问题的通知（湘人社发［2017］103 号文件）》规定，本案情形可以到社会保险经办机构补办养老保险缴费手续，故本案不属于《最高人民法院关于审理劳动争议案件适用法律若干问题的解释（三）》第一条规定的人民法院应予受理养老保险待遇劳动争议案件的范围。

在这个案例中我们了解到，人民法院对于判决养老保险的赔偿的前置条件比较严格，无论是没有到达法定退休年龄，还是到达法定退休年龄时可以补缴养老保险的都不支持索要赔偿。我们从湖南的案例中还可以找到另外一个信息，就是赔偿养老保险损失的标准。一审法院的第一次判决虽然没有生效，但是提供了一种思路，按照单位应当缴纳的养老保险和滞纳金来计算赔偿数额。这里面反映出法院的想法是不允许单位从违法行为中获利，相关费用要么交给社会保险行政机构，要么交给职工个人。

养老保险赔偿的金额还有其他计算方法。例如，根据职工的工作年限，用人单位应按照每满一年发给一个月相当于当地上一年度职工月平均工资标准的一次性支付劳动者养老保险待遇赔偿。这种方式出现在江苏省南通市中级人民法院（2017）苏 06 民终 2617 号民事判决书中。

广东省的计算方式更为复杂，与湖南的案例有相像之处，要求单位把本应支出的养老保险费用赔偿给职工，但考虑了工资上涨的因素进行了重新核算。这种方式出现在广东省惠州市中级人民法院（2017）粤 13 民终 1154 号民事判决中，具体内容如下："本院以上诉人到达退休年龄时上年度广东省在岗职工月平均工资（2011 年广东省在岗职工月平均工资为 3363 元/月）作为计算费基、以用人单位应承担的 12% 为计算费率，计算被上诉人于 2004 年 12 月 15 日至 2012 年 7 月 10 日未为上诉人缴纳基本养老保险费期间导致上诉人的基本养老保险损失。"

85 女职工退休年龄是 50 还是 55？

女职工的退休年龄一直都是讨论比较多的问题，尤其是关于怎样区别女干部身份还是女工人身份的问题。以上问题主要来源于《劳动和社会保障部办公厅关于企业职工“法定退休年龄”涵义的复函》(劳社厅函［2001］125 号）的规定：国家法定的企业职工退休年龄，是指国家法律规定的正常退休年龄，即男年满 60 周岁，女工人年满 50 周岁，女干部年满 55 周岁。这也是我们在讨论女职工退休年龄的时候最关注的法律规定，但是，以上复函已经失效了。《人力资源社会保障部关于第五批宣布失效和废止文件的通知》(人社部发［2017］87 号）已经宣布上述复函的内容失效，理由在于“与国发［1978］104 号对企业职工退休年龄的规定不一致”，虽然正式宣布失效的时间是 2017 年，但是以失效的理由来看，似乎从一开始这个复函的内容就是错误的，劳动与社会保障部办公厅的文件与国务院的文件矛盾了。这时我们就需要关注国发［1978］104 号文件的内容，国发［1978］104 号是由两份具体文件组成的，《国务院关于工人退休、退职的暂行办法》关于女职工退休时间的规定是这样的，“第一条 全民所有制企业、事业单位和党政机关、群众团体的工人，符合下列条件之一的，应该退休。(一)男年满六十周岁，女年满五十周岁，连续工龄满十年的”。《国务院关于安置老弱病残干部的暂行办法》规定：“第四条 党政机关、群众团体、企业、事业单位的干部，符合下列条件之一的，都可以退休。(一)男年满 60 周岁，女年满 55 周岁，参加革命工作年限满 10 年的”。目前我们没有找到关于这两份文件中存在矛盾的具体分析，但我们还是明确了上述关于女职工退休年龄以“工人”和“干部”两个身份进行区别的制度依据。有些人可能会问，我们现在还是沿用 1978 年的规定吗？严格来说，关于女职工退休年龄的规定可以一直追溯到1953年《劳动保险条例》，但在实践中，这种以身份区分的方式发生了很大动摇，在实践操作中存在一定的自由度。

【案例2-2】　女职工身份确定是以档案记载为准，还是以实际工作内容为准？

案情介绍　王某1966年4月4日生，1989年8月从D学校中专毕业分配至Y县电业局，先后在校表工、自动化工、计量资产岗位工作。1995年5月1日《中华人民共和国劳动法》颁布实施，明确企业实行劳动合同制。山西省出台《山西省人民政府办女厅转发关于山西省企业全面实行劳动合同制实施办法的通知》（晋政办发［1994］100号，下称100号文件），文件规定，无论干部还是工人，一律取消原来的职工身份，打破干部与工人身份界限，统称“企业职工”。1995年6月24日Q供电公司与王某分别作为甲乙双方，根据《山西省企业全面实行劳动合同制的实施办法》，签订《劳动合同书》。约定合同期限从1995年6月24日起至2005年6月24日止；工作内容：甲方根据本企业生产、工作的需要，安排乙方从事生产岗位工作。2005年6月25日，甲乙双方协商同意续订劳动合同，劳动合同内容同上一期，续订合同期限为无固定期，从2005年6月25日起至退休止。经山西省人社厅审核，王某的退休年龄应当是50岁，王某不服提起诉讼并经一审、二审、再审程序。

最高人民法院认为，根据《劳动部关于试行全员劳动合同制有关问题处理意见的通知》（劳力字［1992］46号）、《劳动部办公厅关于企业全员劳动合同制职工退休、退职问题的复函》（劳办发［1994］169

号)、《劳动部关于印发〈关于贯彻执行若干问题的意见〉的通知》(劳部发［1995］309号)等文件的规定，企业实行全员劳动合同制后，职工需要办理退休、退职手续的，要按照现工作岗位国家规定的年限和条件执行。“现工作岗位”是指企业实行全员劳动合同制后，职工不再保留原固定身份。如原身份是干部，现到工人岗位工作的，按工人的退休、退职条件执行；原身份是工人，现到管理岗位工作的，按干部的退休、退职条件执行。根据《山西省人民政府办公厅转发关于山西省企业全面实行劳动合同制实施办法的通知》(晋政办发［1994］100号)第六条规定，要打破干部与工人、固定工与合同制以及不同所有制职工的身份界限，统称“企业职工”。职工可以在不同所有制企业之间合理流动。因此，实行全员劳动合同制后，工作岗位分为工人岗位和管理岗位。根据原审查明事实，王某自1989年8月参加工作以来，一直从事生产技能岗位相关工作，系工人岗位，应当按退休时所在岗位办理退休。因此，按照工人的退休标准进行审核、批准退休并无不当。山西省人社厅批准王某退休所依据的规范性文件，即晋劳关字［1995］195号和晋政办发［1994］100号，并不违反法律、行政法规的规定，应属合法有效。王某的其他再审申请理由不足以推翻原审判决，本院不予支持。

这里我们看到，工人身份或干部身份的概念在一定程度上被放弃了，取而代之的是“工人岗位”和“管理岗位”。本案中王某多次要求调取个人档案，并主张以档案记载的“干部”身份确定退休年龄，但并没有获得支持。这里岗位的确定不再以档案记载为准，而是以实际工作内容为准。

人民法院在此案件认定过程中考虑了山西当地的政策，除山西外也有其他省市出台了关于女职工身份问题的文件，例如《天津市人力社会保险局关于印发天津市城镇企业职工退休管理暂行办法的通知》采用了“操作岗位”和“管理岗位”的概念，还制定了在不同岗位间转换时如何办理退休的细则——“女职工由管理岗位转为操作岗位的，用人单位应及时与其变更劳动合同，并到区县人力资源和社会保障行政部门办理劳动合同备案手续。退休前在操作岗位工作且办理劳动合同备案手续满一年的，方可按操作岗位办理退休。女职工转为操作岗未满一年达到法定退休年龄的，应按整年度办理后延缴费手续，待转为操作岗满一年以上且后延缴费至整年度（满周岁）后，再办理退休手续。”

86 延迟退休的政策怎么样了？

延迟退休有两种含义，一种是特殊人才在到达退休年龄后经本人和单位申请，人社局批准后的个人延迟退休；另一种是因国家政策调整，全体职工的法定退休年龄延迟。这里我们讨论的是第二种。

目前我国的法定退休年龄在世界主要国家中是最低的，世界上大多数国家的退休年龄在 65 岁左右。考虑到我国的老龄化趋势，以及人口平均期望寿命的增长，延迟退休已经是我国必要考虑和执行的一项政策。

劳动和社会保障部社会保险研究所早在 2000 年提交的报告《中国养老保险基金测算与管理》中就建议，国家应尽快确定推迟退休年龄方案。第一步，用五年时间清理和取消提前退休的工种，基本达到严格按法定退休年龄执行；第二步，用五年的时间取消女工人、女干部退休年龄的差别，女职工一律 55 岁退休；第三步，用十年时间初步将退休年龄推迟至 65 岁。

2015 年由中国社会科学院人口与劳动经济研究所及社会科学文献出版社共同主办的《人口与劳动绿皮书：中国人口与劳动问题报告 No.16》认为，中国目前存在大量低龄退休人员，开发其潜力是今后的主要方向。鉴于中国退休年龄规定始于几十年前，已经显得过低，建议按照并轨先行、渐进实施和弹性机制的原则逐步延迟退休年龄。报告指出，首先，实现养老金制度并轨，将退休年龄归为两类：职工养老保险领取年龄和居民养老保险领取年龄。对于职工养老保险的退休年龄改革方案，报告建议分两步走：第一步，2017 年完成养老金制度并轨时，取消女干部和女工人的身份区别，将职工养老 保险的女性退休年龄统一规定为 55 岁。第二步，从 2018 年开始，女性退休年龄每 3 年延迟 1 岁，男性退休年龄每 6 年延迟 1 岁，直至 2045 年同时达到 65 岁。

2016 年《人力资源社会保障部关于印发人力资源和社会保障事业发展“十三五”规划纲要的通知》中也提到“制定出台渐进式延迟退休年龄方案”。

延迟退休的问题大家讨论得热烈，国家也一直在制定相关政策，但正式方案始终没有出台。原因可能包括目前我国就业形势依然严峻复杂，就业压力非常大，特别是近几年化解过剩产能职工、分流安置的压力较大，而且有大部分职工表达了反对意见。无论如何，延迟退休的政策将以“渐进式”体现，退休年龄是逐渐延长的。

87 什么情况下可以提前退休？

我们所说的退休年龄通常是指男性退休年龄是 60 岁，女性退休年龄是 55、50 岁。除此以外，还有一些人会在达到通常所说的退休年龄之前退休，这里我们就来看看包括哪些情况。

因工种原因可能导致劳动过程中退职工的身体健康产生伤害，为保护职工健康而对特殊工种采取提前退休的政策。《国务院关于工人退休、退职的暂行办法》（国发［1978］104号）规定，全民所有制企业、事业单位和党政机关、群众团体的工人或基层干部，从事井下、高空、高温，特别繁重体力劳动或者其他有害身体健康的工作，男年满55周岁、女年满45周岁，连续工龄满10年的，应该退休。

1985年，原劳动人事部发出《劳动人事部关于改由各主管部门审批提前退休工种的通知》（劳人护［1985］6号），将提前退休工种改由国务院各有关主管部门审批，送劳动人事部备案。1993年，原劳动部下发《劳动部关于加强提前退休工种审批工作的通知》（劳部发［1993］120号），规定自1993年7月3日起，国务院各有关主管部门停止审批新的提前退休工种。提前退休工种由国务院主管部门审核后，报劳动部审批。劳动部将根据实际情况对各有关部门已审批的提前退休工种进行清理和调整。1999年，劳动保障部发出《关于制止和纠正违反国家规定办理企业职工提前退休有关问题的通知》（劳社部发［1999］8号），规定从事高空和特别繁重体力劳动的必须在该工种岗位上工作累计满10年，从事井下和高温工作的必须在该工种岗位上工作累计满9年，从事其他有害身体健康工作的必须在该工种岗位上工作累计满8年。该通知还规定，原劳动部和有关行业主管部门批准的特殊工种，随着科技进步和劳动条件的改善，需要进行清理和调整。新的特殊工种名录由劳动保障部会同有关部门清理审定后予以公布，公布之前暂按原特殊工种名录执行。

那么新的“特殊工种名录”什么时候公布呢？我们通过以下文件内容来进行分析。“目前执行的特殊工种名录，大多数是20世纪八九十年代由行业主管部门提出工种名称、制订具体标准，报原劳动部审批公布的。在管理上，要求企业严格按照劳动用工计划招录使用，需在劳动部门审批备案，并在职工档案中明确记载其从事工种名称和工作时间，作为今后审批提前退休的事实依据。”“对职工个人来说，退休后的养老金水平与在职时缴费水平高低、缴费年限长短相关，提前退休将直接降低职工的养老待遇。近年来一些企业多次发生职工办理提前退休后，因养老待遇偏低而强烈要求纠正的群访事件。对养老保险制度而言，提前退休造成了减收增支，加大了基金支付压力，特别是我国人口老龄化形势日趋严峻，提前退休进一步降低了人口抚养比，不利于养老保险制度公平可持续发展；提前退休将企业责任转嫁到养老保险基金，对其他正常参保缴费的职工也是不公平的。为此，我部于 2018 年下发了通知，明确通过建立全国统一特殊工种岗位人员信息库，全程掌握企业特殊工种用工情况，同时对职工实行权益告知制度，增强他们继续参保缴费的主动性，使职工退休后能拿到更高的养老金。下一步，我们将会同有关部门，通过深入调查研究，从既有利于保护职工身体健康，又有利于养老保险制度长远发展的角度，强化企业主体责任，保障职工养老权益，适时调整特殊工种提前退休政策。”

以上内容摘自《人力资源社会保障部对十三届全国人大二次会议第 1110 号建议的答复》（人社健字［2019］207 号）。我们从中可以得到几个信息，目前我国发布新的“特殊工种名录”可能性已经不大。提前退休的审批会越来越严格，需要以劳动部门备案和档案记载两项条件为前提，并且企业特殊工种的情况将通过特殊工种岗位信息库进行精准管理。以上措施明显对提前退休采取了严格限制，理由在于提前退休政策表面上有利于职工，可以让一部分职工提前脱离生产岗位并获得养老待遇，但是提前退休情况下的待遇水平比较低，反而不利于保护职工权益。

除工种原因外，丧失劳动能力也是一项提前退休的理由。原劳动和社会保障部《关于制止和纠正违反国家规定办理企业职工提前退休有关问题的通知》(劳社部发［1999］8号)文件、《中华人民共和国社会保险法》(中华人民共和国主席令第35号)文件。国家法定的企业职工退休年龄是男年满60周岁，女工人年满50周岁，女干部年满55周岁。如果职工因病或非因工致残，由医院证明并经劳动鉴定委员会确认完全丧失劳动能力的，退休年龄为男年满50周岁、女年满45周岁的可办理提前退休。《中华人民共和国社会保险法》第十七条，参加基本养老保险的个人，在未达到法定退休年龄时因病或者非因工致残完全丧失劳动能力的，可以领取病残津贴。所需资金从基本养老保险基金中支付。

88 提前去世如何处理养老保险？

参加养老保险的职工肯定希望领更多的钱，那么怎么才能领得多呢？参加养老保险的缴费时间越长、个人缴费的基数越高，领的钱就越多，退休时候所在的统筹地区的社会平均工资越高，领得钱越多。还有一个因素会影响领取社会保险的总额度，就是活的时间越长领得越多。基本养老金包括基础养老金和个人账户养老金两部分，基础养老金和个人账户养老金都是按月发放，但是个人账户养老金发的都是职工之前缴纳的钱，也就是个人账户里的钱，在个人账户里的钱领完以后也可以继续再领，此后再领的话就是从统筹账户里出。通俗来说养老金分成两部分，一部分来自个人账户，一部分来自统筹账户，个人账户的钱领完后，两部分钱就都来自统筹账户。个人账户里的钱多久会领完呢，这个要根据退休时的年龄来确定。以男职工 60 岁退休为例，在退休后个人账户可以领取 139 个月，换句话说领了 139 个月后个人账户这部分就完全“回本”了，以后再领就完全是“赚的”。这样看来无论怎么算肯定是活的越长领的钱越多，但人的寿命是不同的，有些人会不幸提前离世，那么这种情况要怎么处理呢？

首先我们明确一个问题，个人账户里的钱一定是个人的，如果职工在退休之前去世的，个人账户里积累的全部资金都可以一次性领取；如果职工在退休后去世，那么减去个人账户中已经领取的部分，剩下的余额部分也都可以一次性领取。当然职工本人已经去世了，这部分钱只能由职工家属按照遗产的相关法律规定予以继承。总之，缴纳的养老保险费不存在亏本的问题，职工个人账户中的金额最终全部能领取，哪怕是职工脱离中华人民共和国国籍打算终止养老保险关系，这部分个人账户中的钱也是职工个人的，职工可以申请领取出来。个人账户还计算利息，利息也同样属于职工个人账户的权益。利息的标准由国家统一制定，2019 年 1 月 1 日至 2019 年 12 月 31 日企业职工基本养老保险和机关事业单位基本养老保险个人账户记账利率为 7.61%，这个数字还是比较可观。

除了领取个人账户余额，养老保险基金还会支付丧葬费用，具体金额要由各地自行制定，大约在几千元不等。

国家还有规定，除了之前提到的丧葬费用和个人账户余额之外，还会有一笔一次性的抚恤金。和丧葬费一样，抚恤金的标准也是由各地自行确定。很多人可能认为这样子就完毕了，其实不是这个样子的。如果家属收入来源并不是很稳定，而且还是由退休人员来赡养的话，社会保险基金通过审核之后，会付一部分的遗属待遇。每一个地区不同，这笔待遇的费用自然也不相同。

➲法条链接 **《中华人民共和国社会保险法》：**

第十七条　参加基本养老保险的个人，因病或者非因工死亡的，其遗属可以领取丧葬补助金和抚恤金；在未达到法定退休年龄时因病或者非因工致残完全丧失劳动能力的，可以领取病残津贴。所需资金从基本养老保险基金中支付。

《实施〈中华人民共和国社会保险法〉若干规定》：

第六条第二款　参加职工基本养老保险的个人死亡后，其个人账户中的余额可以全部依法继承。

89 出国定居时养老保险怎么处理？

《实施〈中华人民共和国社会保险法〉若干规定》第六条规定："职工基本养老保险个人账户不得提前支取。个人在达到法定的领取基本养老金条件前离境定居的，其个人账户予以保留，达到法定领取条件时，按照国家规定享受相应的养老保险待遇。其中，丧失中华人民共和国国籍的，可以在其离境时或者离境后书面申请终止职工基本养老保险关系。社会保险经办机构收到申请后，应当书面告知其保留个人账户的权利以及终止职工基本养老保险关系的后果，经本人书面确认后，终止其职工基本养老保险关系，并将个人账户储存额一次性支付给本人。"据此，丧失中国国籍的职工可以选择保留养老保险关系或者终止养老保险关系并提前支取个人账户储存额。

90 职工不配合办理退休时，单位应该如何处理?

职工到达法定退休年龄却不愿意办理退休的情况并不多见，但一旦出现这样的情况就会给单位造成一定的困扰。单位需要分析具体原因再进行处理，如果是职工认为自己的身份具有特殊价值不愿意成为退休人员，可以考虑申请延迟退休。如果职工只是希望继续工作并获得工资，单位可以考虑用退休返聘的方式解决。如果确实不能了解到职工拒绝办理退休的真实原因，单位可以把办理退休需要的手续通过正式渠道告知职工并且保留好证据，以免日后职工以单位没有为其办理退休手续为由向单位索赔。无论职工因为什么原因不想退休，单位都可以依法终止劳动关系并不需要支付经济补偿金。

第六节　生育保险

91 男人也需要缴纳生育保险吗？

从社会保险缴纳的操作而言，生育保险的缴纳主体是单位，职工无论男女都不需要支付生育保险费用。单位缴纳生育保险的基数是全体职工的工资，单位并不能选择给哪些职工缴纳生育保险。从职工个人来看，每月的社会保险缴纳账单显示，自己也缴纳了社会保险，这可以认为是社会保险核算的结果。单位需要为每位职工而不是只有生育需求的女职工缴纳生育保险。这里体现就业公平，如果单位只需要给女职工缴纳生育保险就会降低单位录用女职工的意愿，最终加深对女性的就业歧视。

男职工的生育保险还有另外一项意义，如果男职工的妻子属于失业状态，在生育时就可以通过男职工的生育保险获得保险待遇。

92 是不是不打算生孩子就不用缴纳生育保险了？

这个问题和上一个问题类似，生育保险费用由单位缴纳，单位缴纳的基数是全体职工的工资，而且不区分职工的身份。生育保险也可以为不打算生孩子的职工提供意外怀孕时流产的医疗保险保障。

93 生育津贴和产假工资是什么关系？

《社会保险法》中有关于生育津贴的明确规定，包括领取生育津贴的条件和计发的金额，第五十六条："职工有下列情形之一的，可以按照国家规定享受生育津贴：（一）女职工生育享受产假；（二）享受计划生育手术休假；（三）法律、法规规定的其他情形。生育津贴按照职工所在用人单位上年度职工月平均工资计发。产假工资的概念在目前的全国性法律规定中已经不再存在，目前我们通常所称的"产假工资"是指在女职工怀孕、生育期间单位有义务保证工资不降低。女职工的两项权利有不同的来源，生育津贴在产假期间由生育保险基金支付；产假工资由单位支付，不需要以生育保险为前提。

这样看来生育保险和产假工资似乎可以同时获得，但实际上不是这样的。我们可以从两个角度来理解。首先，单位应当保证女职工在产假期间的工资不降低，也就是说当生育津贴的数额足以保证女职工每月收入时，单位便不再需要承担一份单独的工资发放义务。产假工资的概念原本是计划经济时代社会保险制度尚未完全建立的一种权宜之计，由单位承担本应有社会保险支付的生育津贴并将其命名为“产假工资”，随着社会保险制度尤其是生育保险制度的建立与完善，生育津贴已经可以取代“产假工资”的主要功能，“产假工资”的概念可以逐渐退出历史舞台了。

《女职工劳动保护特别规定》第八条规定：“女职工产假期间的生育津贴，对已经参加生育保险的，按照用人单位上年度职工月平均工资的标准由生育保险基金支付；对未参加生育保险的，按照女职工产假前工资的标准由用人单位支付。”在这条规定中，已经放弃了“产假工资”的表述，统一使用了“生育津贴”的概念，并把生育津贴的发放标准分成了两种情况进行规定。如果单位正常给女职工缴纳了生育保险，生育保险基金支付剩余津贴，其金额以单位上一年度平均工资为标准；如果单位没有缴纳生育保险，生育津贴就需要单位自行支付，金额以女职工的个人工资为准。这样的选择性表述已经印证了生育津贴和“产假工资”具有同样的意义。这样说来可能还会有些人抱有疑虑，认为既然此条没有使用“产假工资”的字眼，是不是就可以认为这条与“产假工资”根本就没有关系？这里只是规定了生育津贴的两种发放方法，在这之外仍需要单位额外支付一份“产假工资”。这一点我们可以从一些地方性规定来进一步分析。如，《海南省城镇从业人员生育保险条例》第十六条规定，女性从业人员生育按照国家规定享受产假的，或按照国家规定享受计划生育手术休假的，在法定休假期间内“由领取工资变更为享受生育津贴”。再如，北京市人力资源和社会保障局《关于调整本市职工生育保险政策有关问题的通知》第三条中明确强调：“生育津贴即为产假工资”。既然生育津贴就是女职工产假期间的工资，只不过是由生育保险基金支付的，因此，女职工享受产假或计划生育手术休假期间，原则上，生育津贴和产假工资不可同时兼得。

94 生育津贴如何领取？

生育津贴的领取金额以单位的平均工资为基数。这也就联系到我们之前谈到的，职工参加生育保险时本人并不需要缴纳生育保险费，全部费用都由单位进行缴纳，单位在缴纳生育保险费时以全体职工的工资总额为准按照生育保险缴费比例为全员缴费。这样生育保险基金就会非常容易掌握本单位的工资总额是多少，职工有多少，然后再计算职工的平均工资就是简单的数学运算问题。这样以全体职工的平均工资为基数再乘产假时间就可以得到生育津贴的数额。这里需要强调，因为产假是连续安排，不扣除周末休息日，也就是说无论产假是98天还是128天或其他天数，都只计算自然天数。这样我们在计算生育津贴时每天的工资也不是按照每月21.75天计算，而是计算为每月30天。这样我们可以列一个简单的公式：生育津贴的金额＝单位平均工资 ÷30天 × 产假天数。

这样计算生育津贴会让有些人产生疑虑，单位的平均工资可能与女职工本人的工资不一致。如果单位的平均工资高于女职工本人的工资的，问题当然就简单了，职工多拿钱是一个皆大欢喜的局面；可如果女职工的个人工资高于平均工资就可能会造成女职工的权益降低的问题，更何况生育保险基金掌握的数据是以单位缴纳社会保险时上报的工资总额为准，如果单位没有按照真实的工资基数缴纳社会保险，那么连这个“平均工资”都有可能不准确。面对这样的问题，女职工没有能力也没有必要去调查公司真正的平均工资是多少，一般认为如果生育津贴不足女职工产假前的工资标准，差额部分由单位补足。生育津贴和"产假工资"采取"就高不就低"的原则，很好地保护了女职工的个人权益，也符合我们在上个问题中提到的单位确保女职工在产假期间工资不降低的义务。不过这些内容属于实务中的处理也被认为是对女职工保护的基本原则，国家层面的法律中并没有十分明确的规定。

既然生育津贴与职工正常工资的差额需要单位予以补足，那么需要职工向单位申请这部分差额吗？这需要从申请生育津贴的流程来看，享受生育津贴的主体虽然是女职工，但是负责申领的主体却是单位。申领生育津贴的方式没有全国性法律予以规定，但各地的处理方法大体相同，用人单位需要向生育保险基金确定的经办机构提供申领生育保险的申请表、生育服务证（或其他证明生育符合计划生育政策的证书，有时也会被称为"准生证"，不过这是一个非常不规范的称谓）、证明生育事实的医学资料（门诊病历、出院证明，等等）、申请生育津贴的职工身份证明（身份证、结婚证等）等。具体需要准备的资料和流程以当地社会保险经办机构的要求为准。

➡ 法条链接 **《中华人民共和国妇女权益保障法》**：

第二十七条 任何单位不得因结婚、怀孕、产假、哺乳等情形，降低女职工的工资，辞退女职工，单方解除劳动（聘用）合同或者服务协议。

《女职工劳动保护特别规定》：

第五条 用人单位不得因女职工怀孕、生育、哺乳降低其工资、予以辞退、与其解除劳动或者聘用合同。

《北京市人力资源和劳动社会保障局关于调整本市职工生育保险政策有关问题的通知》：

三、参加本市生育保险的职工，因生育或计划生育享受产假的，产假期间可享受生育津贴。生育津贴按照职工所在用人单位月缴费平均工资除以30天再乘以产假天数计发。

生育津贴即为产假工资，生育津贴高于本人产假工资标准的，用人单位不得克扣；生育津贴低于本人产假工资标准的，差额部分由用人单位补足。

《杭州市人民政府办公厅关于印发杭州市生育保险办法的通知》

十九、生育保险待遇由用人单位在职工产后或手术后18个月内，向社会保险经办机构申请办理，申办时应填报《杭州市职工生育待遇申领表》，并提供以下资料：

（一）计划生育行政部门核发的生育证明；

（二）生育医疗证明、门诊病历、出院小结、计划生育手术记录等原始材料；

（三）婴儿出生证。

95 除了生育津贴还能报销哪些生育费用？

除生育津贴外，生育保险待遇还包括生育的医疗费用、计划生育的医疗费用和法律规定的产前检查费用、手术津贴补贴等。

如果企业没有为职工缴纳生育保险而导致职工无法享受生育保险待遇时，职工本应获得的各项待遇就可以要求单位予以赔偿。但是因各地的生育保险待遇差别较大，细目烦琐，还涉及具体医疗费项目是否属于报销目录的问题，给普通劳动者维权造成一定障碍。根据实践经验，一般在劳动争议仲裁案件中，仲裁委员会不会计较职工每项请求的金额是否计算准确，而是将全部检查治疗的单据资料发送到社会保险行政部门，并由专业人员核算职工应当享受的权利。在最终的判决中，仲裁委员会将根据社会保险行政部门确定的金额支持劳动者的主张。因此，如果职工需要在劳动仲裁案件中主张此项赔偿，申请仲裁时可以提出估算的数字，并提交全部的产检、生育资料及各项费用单据即可。

96 流产可以享受生育津贴吗？

可以。

流产和正常生育的女职工都可以休产假，凡是正常缴纳了生育保险（具体需要缴纳几个月，各地的规定不一致，需要以当地规定为准），并且不违反计划生育政策的情况下，都可以领取生育津贴。

97 违反计划生育有生育津贴吗？

女职工违反计划生育问题分成三个方面来探讨，包括产假、生育津贴、产假工资。

产假制度是为了保护女职工的身体健康和抚育婴儿的需要，无论女职工是否违反计划生育都应当享有必要的休息权利。根据《中华人民共和国妇女权益保障法》第二十六条、第二十七条规定：“任何单位应根据妇女的特点，依法保护妇女在工作和劳动时的安全和健康，不得安排不适合妇女从事的工作和劳动。妇女在经期、孕期、产期、哺乳期受特殊保护。任何单位不得因结婚、怀孕、产假、哺乳等情形，降低女职工的工资，辞退女职工，单方解除劳动（聘用）合同或者服务协议。”妇女生育无论是否符合国家生育政策，均应当享有产假。

女职工在产假期间能否享受生育津贴，需要考虑领取生育津贴的必要手续,《企业职工生育保险试行办法》第七条规定:“女职工生育或流产后，由本人或所在企业持当地计划生育部门签发的计划生育证明，婴儿出生、死亡或流产证明，到当地社会保险经办机构办理手续，领取生育津贴和报销生育医疗费。”也就是说，如果女职工违反计划生育则不会去开计划生育证明，没有计划生育证明也就无法领取生育津贴。当然无法领取生育津贴并不是仅仅因为手续上的障碍,《中华人民共和国人口与计划生育法》第二十四条规定:“国家建立、健全基本养老保险、基本医疗保险、生育保险和社会福利等社会保障制度，促进计划生育。”既然生育保险制度包含了促进计划生育的目的，从法理上也不能支持向违反计划生育的女职工发放生育津贴。

我们进一步分析，如果女职工不能领取生育津贴，单位是否要发放产假工资呢？从单位的角度来看，单位已经依法缴纳了生育保险，职工违反计划生育的行为不能归责于单位，能否领取生育津贴也不是单位可以左右的，所以要求单位发放产假工资明显对单位不公平。就目前看到的案例来说，女职工违反计划生育的情况下不能获得生育津贴也不能获得产假工资。比如刘某、襄阳市某卫生用品有限公司社会保险纠纷案，案号:（2017）鄂 06 民终 2356 号；黄某芳、广州市 Z 企业管理有限公司劳动争议案，案号:（2018）粤 01 民终 13765 号。

98 只有丈夫参加了生育保险怎么办？

如果女方处于失业状态，而男方的单位已经缴纳了一定期限的生育保险，则可以由女方享受生育保险待遇。这种方式肯定没有女方自己的生育保险待遇好，没有生育津贴，报销的比例也相对较低。有些地区会要求女方出具社区的证明，证明女方确实属于失业状态，甚至要求女方提前进行了失业登记才能用男方生育保险报销。

第七节 社会保险问题延伸出的司法认定

99 虚假缴纳社会保险要负刑事责任吗？

【案例 2-3】虚高缴费工资骗取高额生育津贴要负什么责任？

案情介绍 珠海市香洲区人民检察院以珠香检公诉刑诉（2014）2478 号起诉书指控被告人冯某犯诈骗罪，于 2014 年 11 月 6 日向法院提起公诉。法院依法适用简易程序，实行独任审判，公开开庭审理了本案。珠海市香洲区人民检察院指派检察员李某明出庭支持公诉，被告人冯某及其辩护人梁某军到庭参加诉讼。现已审理终结。

经审理查明，2011 年 11 月开始，被告人冯某在珠海市 T 餐厅工作，该餐厅于当月开始为其购买最低社会保险。2013 年 10 月，被告人冯某因自己怀有双胞胎，为得到高额医疗保险，于是让 T 餐厅停止为其续保。自 2013 年 11 月起至 2014 年 1 月止，被告人冯某虚构工作关系在珠海市 A 理发店工作，虚构每月缴费工资为人民币 11800 元挂靠 A 理发店，在珠海市人力资源与社会保障局继续参保。被告人冯某于2013年12月剖宫产下双胞胎，并享受珠海市人力资源与社会保障局支付的生育津贴，共计人民币62557.16元，后停止参保，并于2014年2月又挂靠在珠海D餐厅参保。2014年3月6日，被告人冯某主动将人民币62577.16元退回珠海市社会保险基金管理中心。珠海市人力资源与社会保障局于2014年5月6日报案。2014年5月26日，被告人冯某主动到公安机关投案自首。

上述事实，被告人冯某在开庭审理过程中亦无异议，且有证人张某、龚某、钟某、冯某的证言及辨认笔录，社会保险费用支出情况说明，到案说明，情况报告，单位缴费情况表，内部移交表，社会保险缴费记录，个体工商户登记情况，社会保险生育津贴明细，保险缴费通知等证据证实，足以认定。

辩护人认为，被告人冯某积极退赃，有自首情节，请求人民法院对被告人冯某从轻处罚。

法院认为，被告人冯某以非法占有为目的，采用虚构事实的方法，骗取他人财物，数额较大，其行为已触犯刑律，构成诈骗罪。公诉机关指控被告人冯某的犯罪事实清楚，证据确实、充分，指控罪名成立。被告人冯某自动投案，如实供述其所犯罪行，是自首，且积极退赃，依法可以从轻处罚。根据被告人冯某的犯罪情节和悔罪表现，对其适用缓刑确实不致再危害社会，依法可以宣告缓刑。依照《中华人民共和国刑法》第二百六十六条、第六十七条第一款、第七十二条第一款、第三款、第七十三条第二款、第三款的规定，判决如下：

被告人冯某犯诈骗罪，判处有期徒刑一年，缓刑二年，并处罚金人民币一万五千元。（缓刑考验期限，自判决确定之日起计算）。

100 养老金可以被强制执行吗？

如果职工因经济纠纷欠别人的钱，被起诉到人民法院并进入执行程序，人民法院对这个职工进行强制执行的时候发现他没有财产可供执行了，唯有一些尚未发到手的养老金，那么这种养老金可以被强制执行吗？这个涉及养老金的归属问题，即养老金在被发下来之前究竟是谁的。如果养老金在被发来下之前从财产归属上认为是职工个人的钱，就可以执行，否则就不能。

回答这个问题前我们先看一下最高人民法院的意见。

《最高人民法院关于能否要求社会保险机构协助冻结、扣划被执行人的养老金问题的复函》：

浙江省高级人民法院：

你院浙高法［2014］29 号《关于请求商人力资源和社会保障部废止劳社厅函［2002］27 号复函的报告》收悉。经研究，提出如下意见：

一、被执行人应得的养老金应当视为被执行人在第三人处的固定收入，属于其责任财产的范围，依照《中华人民共和国民事诉讼法》第二百四十三条之规定，人民法院有权冻结、扣划。但是，在冻结、扣划前，应当预留被执行人及其所抚养家属必需的生活费用。

二、《中华人民共和国民事诉讼法》第二百四十二条规定："人民法院决定扣押、冻结、划拨、变价财产，应当作出裁定，并发出协助执行通知书，有关单位必须办理。"本院《关于人民法院执行工作若干问题的规定（试行）》第 36 条也规定："被执行人在有关单位的收入尚未支取的，人民法院应当作出裁定，向该单位发出协助执行通知书，由其协助扣留或提取"。依照前述规定，社会保障机构作为养老金发放机构，有义务协助人民法院冻结、扣划被执行人应得的养老金。

三、在执行被执行人的养老金时，应当注意向社会保障机构做好解释工作，讲清法律规定的精神，取得理解和支持。如其仍拒绝协助的，可以依法制裁。

此复

最高人民法院

二〇一四年六月二十六日

以上答复的内容清晰明确——可以。但是我们又注意到答复的内容是针对浙高法［2014］29 号《关于请求商人力资源和社会保障部废止劳社厅函［2002］27 号复函的报告》。

《劳动和社会保障部办公厅关于对扣发离退休人员基本养老金抵偿债务问题的复函》：

重庆市劳动和社会保障局：

你局《关于养老保险经办机构能否协助法院扣发离退休人员养老金抵偿债务的请示》(渝劳社文［2002］72 号) 收悉。经研究，答复如下：

基本养老金是保障离退休人员的“养命钱”，离退休人员能否按时足额领取养老金直接关系到离退休人员的合法权益和社会稳定。同时基本养老金在发放给离退休人员之前，仍属于养老保险基金，任何单位不得查封、冻结和划扣。最高人民法院《关于在审理和执行民事、经济纠纷案件时不得查封、冻结和扣划社会保险基金的通知》(法［2000］19 号) 对此也做出了相应规定。社会保险经办机构作为法定授权的社会保险基金收支、管理和运营机构，承担着将基本养老金按时足额发放给离退休人员的职能，社会保险经办机构不能直接扣发离退休人员基本养老金抵偿法院判决的债务。

二〇〇二年二月四日

显然在养老金能不能被执行的问题上，劳动和社会保障部办公厅的意见和最高人民法院的意见是相反的。浙江省高级人民法院希望劳社部办公厅的复函可以被废止才向最高人民法院打了报告，请求最高人民法院予以协调，让人力资源和社会保障部自行废止就可以了。最高人民法院的想法跟浙江高级人民法院有些不同，没有通过协商形式解决，而是自己发了一份复函，直接从实质上废止了原劳社部办公厅的复函。表面上看起来这样的做法有些粗暴，但是民事执行的问题原本就应当由最高人民法院进行处理，人社部自行规定哪些可以执行、哪些不能执行，反过来制约人民法院的执行工作似有不妥。最高人民法院的复函中也写明了“向社会保障机构做好解释工作，讲清法律规定的精神，取得理解和支持”。

这里还需要讲一下原劳社部办公厅的复函中提到的最高人民法院《关于在审理和执行民事、经济纠纷案件时不得查封、冻结和扣划社会保险基金的通知》，我们看到劳社部办公厅的复函中表明了一种态度——之所以认为养老金不能强制执行，完全是根据最高人民法院的通知精神。这样看来最高人民法院的意见似有反复，存在自相矛盾的问题。事实上不是，最高人民法院通知的内容是指在执行社会保险机构原下属企业（现已全部脱钩）与其他企业、单位的经济纠纷案件时不能执行社会保险基金。简单来说，如果社会保险机构和社会保险机构的企业作为被执行人时养老金不能被执行，但职工个人作为被执行人时可以执行养老金。

101 医保账户可以被强制执行吗?

在一起民事执行案件中被执行人宓某章的退休金和医保卡都被冻

结而且房产也即将被拍卖，他对这种执行方式表示不服并且向人民法院申请了执行异议，要求一，请求解除对其医保卡的冻结；二，停止对其房产的拍卖。理由就是医保卡对自己看病非常重要，房产作为自己和母亲的唯一住所不能拍卖。而执行人赵某林则认为自己已经同意每月预留 2000 元给宓某章用于生活已经足够，请求驳回被执行人宓某章的异议。

人民法院认为，社会保障账户系参保人员在医疗机构就医和药店购药时进行医保结算的账户，无现金存取、转账支付等功能，冻结上述社会保障账户会影响被执行人宓某章就医、购药，且该账户内资金也无法进行强制扣划。据此，被执行人宓某章请求解除对其社会保障账户的冻结，予以支持。《最高人民法院关于人民法院办理执行异议和复议案件若干问题的规定》第二十条第一款规定，“金钱债权执行中，符合下列情形之一，被执行人以执行标的系本人及所扶养家属维持生活必需的居住房屋为由提出异议的，人民法院不予支持：（一）对被执行人有扶养义务的人名下有其他能够维持生活必需的居住房屋的；（二）执行依据生效后，被执行人为逃避债务转让其名下其他房屋的：（三）申请执行人按照当地廉租住房保障面积标准为被执行人及所扶养家属提供居住房屋，或者同意参照当地房屋租赁市场平均租金标准从该房屋变价款中扣除五至八年租金的。”本案中，申请执行人赵某林同意参照济南市房屋租赁市场平均租金标准从涉案房屋拍卖变价款中扣除五至八年租金给被执行人宓某章，故对被执行人宓某章停止拍卖其房产的异议请求，不予支持。

评析　被执行人应当积极履行人民法院的生效裁判，否则人民法院可以通过强制执行程序对被执行人的财产进行冻结、查封、划扣等强制措施。强制措施有一定的限度，不能因为民事强制执行导致被执行人无法生存，所以执行过程中需要保留一部分被执行人及其所抚养家属必需的生活费用。本案中冻结医保账户将导致被执行人出现就医和用药困难，而且相关资金也无法进行强制扣划，所以人民法院对被执行人的社会保险账户予以解封。